QU'EST-CE QUE LA PHILOSOPHIE ?

DANS LA MÊME COLLECTION

ANDRIEU B., *Sentir son corps vivant. Emersiologie 1*, 260 pages, 2016.

BARBARAS R., *La perception. Essai sur le sensible*, 120 pages, 2009.

BENOIST J., *Éléments de philosophie réaliste*, 180 pages, 2011.

BINOCHE B., *Opinion privée, religion publique*, 240 pages, 2011.

CASTILLO M., *Faire renaissance. Une éthique publique pour demain*, 256 pages, 2016.

CHAUVIER S., *Éthique sans visage*, 240 pages, 2013.

FISCHBACH F., *Philosophies de Marx*, 208 pages, 2015.

GODDARD J.-Ch., *Violence et subjectivité. Derrida, Deleuze, Maldiney*, 180 pages, 2008.

HOTTOIS G., *Le signe et la technique. La philosophie à l'épreuve de la technique*, 268 pages, 2018.

KERVÉGAN J.-Fr., *La raison des normes. Essai sur Kant*, 192 pages, 2015.

LAUGIER S., *Wittgenstein. Les sens de l'usage*, 360 pages, 2009.

POUIVET R., *Après Wittgenstein, saint Thomas ?*, 180 pages, 2014.

MOMENTS PHILOSOPHIQUES

Michel MEYER

QU'EST-CE QUE LA PHILOSOPHIE ?

PARIS
LIBRAIRIE PHILOSOPHIQUE J. VRIN
6 place de la Sorbonne, V e
2018

Pour la première édition © Le Livre de Poche, 1997
© *Librairie Philosophique J. VRIN*, 2018
Imprimé en France
ISSN 1968-1178
ISBN 978-2-7116-2805-6
www.vrin.fr

L'ÉTAT DE LA PHILOSOPHIE

Jamais on n'a eu autant besoin de philosophie qu'aujourd'hui. Dans un monde fragmenté, désorienté, où l'esprit analytique semble l'avoir emporté, la quête d'une synthèse est plus pressante que jamais. Les scientifiques ont pris le relais des philosophes, trop occupés à répéter que la philosophie était morte et qu'il n'y a plus rien à dire, qu'au mieux, on peut tout juste redire et relire le plus fidèlement du monde les penseurs du passé, l'idéal étant là aussi de devenir un « spécialiste ». Déjà Nietzsche condamnait l'esprit philologique que certains philosophes professent en passant leur vie à décortiquer un auteur : au nom de la pensée, la grande, ils s'interdisent ainsi toute pensée propre, pour se réfugier dans le confort d'une orthodoxie dont ils se veulent les dépositaires vigilants. Mais qui parlera alors de l'origine de l'univers, de la mort, de la vie, de l'évolution, de la nature, de la vérité, de la liberté, du sens du Soi et de l'Autre, sinon les hommes de science ou les hommes de religion ? À cela, qu'oppose la philosophie, si ce n'est que tout a été dit, ou impossible à dire au nom d'une rigueur qu'elle n'a jamais eue et dont elle se fait l'écho lointain, depuis que les progrès de la science l'ont amputée de ses illusions ?

La question de ce petit livre est simple : peut-on aller au-delà du constat de crise et d'impuissance dont le philosophe se fait ainsi le prophète depuis plus d'un siècle ?

Peut-on parler de la science sans complexe d'infériorité, de Dieu sans obscurantisme, d'existence sans tomber dans la banalité du café du commerce, de politique sans consacrer le cynisme, de morale sans faire dans le sermon ? Bref, la philosophie peut-elle aider à faire comprendre et à dépasser les apories du temps présent qu'elle a faites siennes comme un malade ressasse sa propre maladie pour se donner le sentiment qu'ainsi, il peut la mettre à distance à défaut de la vaincre ?

Toutes ces questions sont aujourd'hui les nôtres, et il ne faut pas avoir peur de parler des grands problèmes qui agitent les hommes depuis l'aube des temps, car si la philosophie a un sens, c'est bien en ce qu'elle seule envisage les questions ultimes dans une plus ou moins grande systématicité selon les époques.

LES QUESTIONS ULTIMES DE LA PENSÉE

Pour les Anciens, la philosophie était divisée en trois grandes disciplines : la logique, la physique et l'éthique. Les Stoïciens parlaient même de la physique comme d'un champ dont les clôtures étaient la logique et le produit, l'éthique. D'où vient cette division de la philosophie ? A-t-elle encore un sens, à une époque où les disciplines scientifiques se sont multipliées au-delà de la seule physique, où la métaphysique spéculative issue d'Aristote et du christianisme a fécondé la philosophie moderne, où le rapport à l'action et au politique déborde le cadre de la morale ?

Si on regarde attentivement l'histoire de la pensée, on ne peut s'empêcher d'observer que la tripartition est demeurée une constante, malgré tous les développements dont il a été question.

Prenons Kant par exemple. Il écrit trois grandes *Critiques*, celle de la Raison Pure, celle de la Raison Pratique et celle de la Faculté de Juger. De quoi traitent précisément ces trois grands livres ? La *Critique de la raison pure* s'attache à rendre compte de notre rapport au monde ; la *Critique de la raison pratique* porte sur le rapport à autrui ; quant à la dernière *Critique*, elle est en quelque sorte la synthèse des deux premières en ce qu'elle s'interroge sur ce qui rend possible le fait de s'interroger sur la nature, de s'en distancier, de la contempler pour elle-même ; bref, de l'étudier tout en en faisant partie. Cette réflexivité consacre l'identité, qui est le maître mot de la logique, même si le projet kantien est anthropologique et esthétique, au sens où la contemplation de soi par rapport à ce qui n'est pas soi est source d'étonnement, d'admiration.

Certes, on est loin ici de la logique au sens classique du terme, mais si l'on veut bien réfléchir au sens qu'a pris l'identité après et avec Descartes, on pourra se rendre compte que l'identité des choses et des êtres s'enracine désormais dans celle du Soi, immortalisé dans le *Je pense, donc je suis*, source de toute identité possible, même si elle est avant tout la nôtre.

D'ailleurs, déjà chez Hume, grand inspirateur de Kant, on peut voir à l'œuvre la tripartition de la philosophie proclamée par les Anciens. Le *Traité de la nature humaine*, par exemple, se subdivise en trois grands livres : l'entendement, les passions et la morale en sont les objets respectifs. Ce qui recouvre précisément la physique, c'est-à-dire le rapport à la nature, au monde, pour le premier livre ; et pour le second, qui traite des passions, on retrouve le problème du Soi, de l'identité, forme nouvelle que prend le fondement du champ logique à l'ère de la subjectivité – qui devient la pensée – qui a connu, on le sait, peu de progrès en logique au sens strict ; reste le troisième livre, consacré à l'éthique.

Soi, le Monde et Autrui : telles sont, en définitive, et semble-t-il depuis toujours, les grandes questions de la philosophie. Celles qui agitent l'homme depuis l'aube des temps, et qui alimentent tous ses soucis et ses préoccupations les plus fondamentales. L'identité n'est d'ailleurs pas simplement une affaire de logique, de raisonnement, de méthode ; elle est aussi l'expression de ce que l'on est, et l'âme, qui nourrit tout raisonnement possible, s'est vue interrogée sur son identité éternelle, au travers du problème de la survie, de la mort, de l'existence. Avant toute psychologie, au sens où on l'entend habituellement, l'âme – ce que l'on appellerait aujourd'hui le Soi – a été conçue comme le principe moteur de la vie, de ce que l'on était, de l'identité et des identités issues de la pensée et du raisonnement, une partie d'elle-même étant la source du logique et du rationnel, à côté d'autres parties, retenues davantage par l'émotion, le biologique et l'animal (*anima* = âme), où, précisément, l'identité se perd, se dilue, se fluidifie dans une sensibilité erratique, tissée de mouvements contradictoires et changeants. Les goûts, les besoins, les plaisirs, les intérêts même, relèvent ainsi de cette partie de l'âme où elle n'est pas vraiment un Soi, une identité, une raison logique, car elle est déchirée entre plusieurs directions qui l'attirent tour à tour ou simultanément, selon les circonstances.

Soi, le Monde et Autrui sont ainsi les points d'ancrage de la réflexion philosophique depuis toujours, et le lecteur contemporain, s'il est sincère avec lui-même, retrouvera dans ces trois grands problèmes ce qui sous-tend les siens encore à l'heure actuelle. Qui ne s'interroge sur ce qu'il est, surtout dans un monde comme le nôtre? Les rôles sociaux, jadis fixés une fois pour toutes, se diluent : on est enfant, parent, mari ou femme, amant, employé un jour, cadre ou chômeur peu après (c'est rarement l'ordre inverse), contribuable, citoyen, électeur, voire élu, client, épargnant, pensionné, voyageur, etc. Bref, qui est-on au juste et quel sens cela a-t-il de faire tous ces parcours, alors que la mort annule tous nos rôles d'un revers de la main?

Mais aussi que faire, si tout est futile, absurde eût dit Camus ou Sartre ? N'y a-t-il pas un minimum d'exigence à l'égard d'autrui, que prescrit la morale et que la politique s'efforce de faire respecter en théorie, dans l'intérêt de tous ?

Et enfin, il y a les choses. Pour notre malheur mais aussi notre bonheur : elles nous sont utiles, mais avant cela, elles nous posent problème ; le monde est opaque, l'univers mystérieux. A-t-il été créé ou existe-t-il depuis toujours ? Pourquoi l'Homme ? Y aurait-il un dessein caché dans l'Univers, que l'on pourrait peut-être même découvrir ? La science, la connaissance, le goût d'apprendre, donc de lire et de voir, ne peuvent qu'orienter et alimenter cette quête pour comprendre ce qui fait question.

Soi, le Monde, Autrui : vivre, c'est toujours d'une certaine façon, dérivée la plupart du temps, avoir résolu, souvent sans l'avoir voulu, ces trois grands problèmes. On n'y échappe pas. On a tous, de fait, une vision du monde et des autres comme de soi-même, qui agit sur nous, qui guide nos actes et nos pensées. On est donc tous philosophes, comme Monsieur Jourdain fait de la prose sans le savoir. C'est sans doute pour cela que tout le monde s'intéresse à la philosophie, pour aller au fond de soi, de ses possibilités, de ses angoisses et de ses espérances.

Le philosophe y répond-il ?

Trop souvent, on lui reproche d'être obscur. Il prétend décrire l'entendement commun ou l'homme que nous sommes chacun, mais ce faisant, il va forcément au-delà de ce que chacun dirait, s'éloignant ainsi de son objet, au point que certains n'hésiteront pas à dire qu'il le perd et que cela n'a plus rien à voir avec l'homme de la rue. Certes, le physicien n'agit pas autrement sans qu'on le lui reproche.

Il explique la lumière ou la chaleur avec des concepts inintelligibles pour la plupart d'entre nous. Mais chez le philosophe, cela semble inadmissible. La philosophie ne saurait être une science : elle doit divulguer les vérités enfouies au fond de soi, de chacun, pour les rendre accessibles à chacun. Le concept est par là condamné, même s'il est bien souvent inévitable.

L'autre reproche est sans doute le fait que la philosophie ne donne pas de réponses, alors que la science progresse en résolvant sans arrêt de nouveaux problèmes. N'est-ce pas le signe même de sa faiblesse ? Ne faut-il pas alors quitter le terrain de la Raison, préférer la religion, ou qui sait ?, la secte et la magie, l'horoscope et la divination ?

Que répondre à de tels reproches ?

Il est vrai que la philosophie est parfois obscure, qu'elle nécessite un apprentissage, tout simplement parce qu'elle a une histoire, avec des concepts qui se modifient au fil des siècles. On ne peut rentrer dans la philosophie contemporaine et ignorer ce qui précède. La philosophie est difficile ; c'est une ascèse, elle incarne l'inutile parce que l'essentiel est inutile. Mais le propre de l'essentiel est que l'on en a besoin, qu'il est incontournable. Il faut donc accepter de penser de façon élaborée. De plus, il est moins que certain que l'objet de la philosophie soit l'homme ordinaire. En tout cas, ce n'est pas la préoccupation première de la philosophie, et c'est au mieux, un problème dérivé. L'homme n'intéresse en propre la philosophie que de Descartes à Nietzsche, car avant comme après, il est appréhendé à partir d'autre chose que lui-même : Dieu, l'être, l'univers, la matière et, aujourd'hui, les sciences humaines ont détrôné la philosophie à cet égard, même si ce n'est que pour offrir des visions fragmentées et analytiques. C'est l'esprit du temps : d'ailleurs les synthèses sont rares, et les esprits synthétiques ont été remplacés par des « spécialistes ».

La philosophie parle toujours de l'homme en termes d'univers ou de nature où il s'inscrit en propre, donc de nature humaine, d'histoire, d'insertion dans l'ordre des choses où il a sa place ; bref, elle traite rarement de l'homme tel qu'il se voit et se ressent lui-même. Le ferait-elle qu'elle devrait aller au-delà car son discours ne serait ni un voir ni un sentir. Même Descartes voit dans le *Je pense, donc je suis* non une expression de la vie intérieure et psychique, mais le fondement des sciences, une vérité « nécessairement vraie », universelle, source de toute vérité et de toute universalité ; presque rien de ce que l'on appellera par la suite le subjectif ou l'existentiel.

Qu'on le veuille ou non, l'homme *est* une question, et s'il est le seul être à poser des questions, à s'interroger sur lui-même, tout ce que l'on peut en conclure est qu'il doit se résoudre, et se résoudre consiste parfois à adopter des résolutions, à trancher pour agir. L'homme est un questionneur, et il est question pour lui-même, une question qui soulève la question de ce pourquoi il est question, alors qu'une table, une étoile ou un singe sont simplement une table, une étoile et un singe sans que cela *leur* pose problème.

Soi, Autrui et le Monde incarnent les modes de cette interrogation, la régissent et la structurent. Ou, si l'on préfère, ils définissent des dimensions. Prenons le plan de l'éthique. Qu'est-ce qu'un *questionnement éthique* qui serait axé sur le Soi, le Monde ou Autrui ? Quel genre de morale trouve-t-on associé à chacune de ces dimensions ? Pour le Soi, c'est une morale du *droit* ; chacun a des droits en tant qu'il est une personne, un être humain. C'est la source des droits de l'homme. Une morale minimale purement formelle, comme dit Deleuze, mais elle est incontournable. Elle ne dit ni ne peut rien dire d'autre. Elle est parfois revendicatrice, cette éthique des droits, car elle réclame pour soi, pour le Soi, ce qui est jugé juste. On a là une morale du sujet et de l'individu. Pour Autrui, la morale se dimensionne autrement : on a une morale du *devoir*. On a des devoirs envers les autres. Lorsque le droit et le devoir coïncident, on est dans l'universalisme dont la morale de Kant est une bonne illustration. La volonté individuelle, voire individualiste, n'est légitime que si elle exprime celle de l'Autre. Il reste une troisième dimension : celle centrée sur le monde, les choses ; la morale utilitariste illustre ce point de vue, mais toute éthique soucieuse du mérite est une morale de ce genre. Le marxisme en est une autre.

Le propre de chaque éthique est qu'elle subordonne – au lieu de les harmoniser –, les deux autres dimensions à celle qui lui sert de norme. Le mérite sans droits, on sait où cela conduit : à l'utilitarisme brutal et effréné. Mais l'universalisme du devoir n'est pas moins dangereux, car, très vite, on imposera comme devoir pour tous ce qui n'est que l'expression de sa propre idéologie, en oubliant qu'elle en est une. Quant à la morale du droit, elle n'échappe pas à la transformation du mérite (par exemple) en droit pour chacun d'avoir plus, et si on combine cela à une morale du devoir, on aura vite un universalisme de la revendication égalitariste absolue, présentée comme juste norme.

Il est intéressant de noter que les philosophies se sont singularisées du point de vue national par ces trois grands ancrages. La philosophie française est marquée par les droits de l'homme, issus de la Révolution Française, tandis que la pensée allemande, kantienne, s'est surtout souciée du devoir. La philosophie anglaise, elle, s'est préoccupée du mérite, et elle est avant tout marquée par l'utilitarisme. Le marxisme en étant en quelque sorte le contrepoint germanique.

Le décor du problème de la morale est planté. Nous y reviendrons. Il ne servait qu'à illustrer comment Soi, le Monde et Autrui dimensionnent l'interrogation philosophique. L'éthique, c'est Autrui qui parle en nous ; d'où le privilège dont semblent jouir les impératifs moraux kantiens, où le devoir s'incarne en action, et le désavantage théorique des deux autres points de vue.

Que penser du Soi ? Là, on se trouve face à la quête de l'identité, au sens le plus large du terme. Source de tous les idéalismes, qui fait tout partir du formel, du mathématique, du sujet, pour retrouver et le monde et les autres. Descartes en est ici la figure emblématique.

Comment s'articule cette identité Soi-Monde-Autrui à partir du Soi ? C'est là que l'on trouve un autre triptyque à l'œuvre : le désir, le besoin et la demande, qui sont autant d'expressions de la question que l'on est à soi et pour soi. Dans le désir, je me cherche. Dans le besoin, j'exprime ma quête matérielle à l'égard des choses, de ce qui me nourrit et me procure du plaisir, au sens large de « sensations positives ». Dans la demande, je m'adresse à autrui ; c'est presque une relation économique. En termes de « réponses », on a l'*œuvre*, qui exprime le Soi, l'*action*, qui renvoie à autrui, et le *travail*, qui correspond à la demande. Au niveau de la question éthique, on a des réponses qui correspondent également aux trois dimensions : le Soi, par sa conceptualisation du droit, de ce à quoi il a droit, va théoriser cela en rapport juridique ; par rapport à Autrui, on a une réponse pour codifier les devoirs, c'est le pouvoir, car le devoir s'*impose* ; quant à la dimension des choses, les réponses se font toujours en termes de richesse lorsqu'il s'agit de penser la justice propre aux biens de ce monde.

Si l'on envisage maintenant la troisième dimension, celle « en troisième personne », les choses, les entités, le monde si l'on veut, on se trouve dans le domaine de la science, ce que les Anciens appelaient le cosmos ou l'univers *physique*. On appellerait cela aujourd'hui l'*ontologie*, ou étude de ce qui *est*, afin de souligner l'aspect philosophique d'une telle quête, qui n'est pas sans métaphysique, c'est-à-dire sans souci d'unité et de transcendance.

On peut bien évidemment coupler toutes ces dimensions et tout expliquer à partir de la science, ou tout ramener à la subjectivité, et ce sont de tels mélanges qui font finalement toute la richesse de la philosophie.

Ceci nous ramène à la deuxième objection qu'on lui adresse généralement : celle de ne guère avancer dans la résolution de ses problèmes.

Un tel reproche n'a de sens que si on fait l'hypothèse suivante : résoudre un problème le fait disparaître, et un autre peut alors surgir. Or, une telle vision du questionnement philosophique est elle-même non questionnée. Elle se présente comme évidente, comme allant de soi. Si l'on observe attentivement ce qui se passe en philosophie, on peut voir que les grandes questions demeurent, et que la philosophie, loin de se définir par leur résolution, comme en science, se caractérise plutôt par la manière originale et chaque fois renouvelée de questionner.

La philosophie est depuis toujours questionnement radical. C'est pourquoi il importe aujourd'hui de questionner le questionnement, même si on ne l'a jamais fait jusqu'à présent.

LES ORIGINES DE LA PHILOSOPHIE

L'homme a toujours philosophé. Il l'a fait par le mythe avant de développer sa raison en la tournant vers elle-même et ses multiples possibilités. Encore qu'il y ait une rationalité du mythe, ce qui montre bien l'historicité du philosopher, non dans ses questions, mais dans ses réponses.

La philosophie, dit Aristote, est née de l'étonnement. La première forme de l'interrogation, sur fond de réponses préalables : le mythe. Comment passe-t-on du mythe à la philosophie, du *mythos* au *logos*, comme on dit habituellement ? Comment cet étonnement, cette interrogativité, peut-il surgir du mythe, fermé sur lui-même, et ayant donc « toujours raison » anticipativement, quel que soit le problème, parce qu'il sert d'explication universelle et absolue à tout ce qui peut survenir ? La réponse est claire et simple : par l'Histoire. C'est celle-ci qui fait bouger les choses et atteint les mythes dans leur crédibilité. Les mythes se révèlent alors pour ce qu'ils sont : de simples mythes, des fables. Ce qui faisait foi dans un monde aristocratique, « homérique », cesse de valoir pour ne plus devenir que fiction lorsque la société se démocratise. Les exploits guerriers, imputés aux dieux qui se comportent comme des nobles, souverains dans leurs décrets, n'apparaissent plus que comme des métaphores et des histoires. Il faut alors chercher ailleurs l'explication des tempêtes et des incendies, de la vie sur terre comme de tout mouvement. On attribuera au feu, à l'air, à l'eau ou à la terre, l'origine des choses et de leurs mélanges. Mais c'est surtout le rapport aux dieux qui inquiète les hommes dans cet abandon progressif, ce retrait du divin. C'est ce que symbolisent précisément l'énigme du Sphinx, les oracles, les mystères. C'est par eux que le mythe imprime encore sa trace ; l'ancien devient de plus en plus muet et il n'est plus alors qu'intrigue ; les vieilles identités s'avèrent des différences, et à la fin, tout semble se muer en son contraire. La réalité d'antan n'est plus qu'apparence, et partant, le nouveau fait irruption de façon menaçante. Ne pas résoudre les énigmes est dangereux, car c'est ne plus pouvoir se rapporter aux dieux, qui ne parlent plus que par d'aussi « inquiétantes étrangetés », et du même coup, c'est risquer de les offenser. Dans un monde qui change, qui se fragmente et qui demeure sous l'emprise de ses mythes, ceux-ci, s'ils ne sont plus que des questions, n'en posent pas moins des questions de vie ou de mort, qui, on le sait par la légende d'Œdipe, accablaient Thèbes de catastrophes, avant qu'Œdipe ne résolve le problème soulevé par l'Oracle. Ne pas y reconnaître l'homme, c'était pour l'homme lui-même l'aveu de son étrangeté à soi. Mais Œdipe, en retrouvant l'identité par-delà les différences du temps qui passe, semble bafouer celles-ci et les abolir, abolir la différence de la vie et de la mort en tuant son père, entre parents et enfants en épousant sa mère. Abolir les interdits, se croire dieu : le remède est pire que le mal. Accepter l'énigme, vivre avec, la dompter par la raison : en un mot, philosopher. Le philosophe sera désormais celui qui peut résoudre les énigmes. Au tragique s'est substitué le philosophique.

D'où la question qu'ont posée les Grecs et qui est toujours la nôtre au plus profond de notre propre philosopher : qu'est-ce que l'énigme ? Une proposition qu'on ne peut prendre au pied de la lettre, quelque chose qui énonce une littéralité intenable, contradictoire si on s'en tient à cette littéralité. Richard est un lion, mais comment voulez-vous qu'il soit un animal s'il est un humain ? Richard est donc un homme et il ne l'est pas, puisque lion. Il faut résoudre, composer avec le problème, négocier la contradiction ; bref, la dépasser. La rhétorique, la dialectique et ses débats contradictoires, la logique même, vont naître de l'énigme comme les moyens de plus en plus sophistiqués de l'affronter, de la résoudre, de l'évacuer. Il n'y aura plus de défi lancé aux dieux, par le rejet de la différence qui est la leur, car ils se sont encore davantage retirés. Ni péché ni culpabilité ne viendront ponctuer l'acte de philosopher. Si Socrate meurt, c'est pour avoir offensé les hommes par ses questions, se prenant sans doute pour un dieu, celui qui l'habite. Le tragique comme coexistence (contradictoire) de l'ancien et du nouveau, c'est-à-dire, ici, du divin et de l'humain, va céder le pas à la nécessité, de plus en plus affirmée, celle du destin, où la nécessité même se révèle une nécessité absolue. De la rhétorique, avec ses métaphores, ses raisonnements incertains, ses oppositions à dépasser comme on va du littéral au figuré pour le rendre cohérent, on passera de plus en plus à la dialectique et à la logique, avec ses syllogismes.

Et aujourd'hui, est-on si éloigné de la situation des Grecs ? Les dieux sont muets et font cruellement défaut, les religions et les fanatismes y suppléent avec d'autant plus d'obscurantisme. Tout est devenu problématique à

nouveau, et l'homme libre, tel Œdipe, est comme lui
aveuglé par l'ignorance de son destin. La science, le savoir,
promettaient la maîtrise, voire le salut, mais tout cela n'est
plus que vain espoir : la misère et les incertitudes du
lendemain que l'on croyait pouvoir remiser sont plus
d'actualité que jamais ; la peur et l'irrationnel semblent
reprendre le dessus.

La pensée est en crise, la morale aussi, et tout semble
plus problématique que jamais. Ne faut-il pas enfin penser
l'énigme et la travailler au corps, non par la logique ou la
dialectique, mais par une nouvelle manière de philosopher,
qui la prenne au sérieux en la thématisant en propre ?

Qu'a-t-on fait au siècle passé, quand les fondements
se sont écroulés, que « la mort de Dieu » a été proclamée,
que le monde bourgeois s'est vu ébranlé par de nouvelles
révolutions et au bout du compte, par des guerres mondiales ?
Les intellectuels ont réagi à la crise en optant pour l'une
des deux solutions suivantes : le nihilisme d'une part, et
le positivisme de l'autre. Pour le premier, tout étant
problématique, il n'y a plus de réponse possible. Tout ce
que l'on peut dire est qu'il n'y a plus rien à dire. Allons
vers l'action, la politique, l'Histoire, laissons-nous emporter
par ce qui reste de morale, ou essayons à défaut, de restaurer
le monde ancien où tout semblait avoir un sens. C'est la
grande division entre les intellectuels de gauche et ceux
qui épousent les causes nationalistes, racistes et au bout
du compte, fascistes.

Quant au second mouvement de pensée, si tout est
problématique, c'est la preuve qu'il faut d'autant plus
imiter la science qui, elle seule, semble-t-il, résout les
questions qu'elle pose. C'est le *positivisme*, qui répond
ainsi au *nihilisme*, qui pense qu'il n'y a plus rien à penser,
sinon ceci même.

Le XXe siècle aura donc été celui des déchirures. Pour ou contre la science. Pour ou contre la raison. Pour ou contre la philosophie. Faut-il encore s'étonner que bon nombre de philosophes aient choisi de faire de l'histoire de la philosophie leur ultime sanctuaire ? Ou que d'autres s'amusent à bricoler du prêt-à-penser pour obtenir une reconnaissance aussi rapide qu'illusoire, mais affirmée « démocratique » puisqu'adressée à la masse, même si c'est avec des idées simples, voire simplistes, qui font vendre ?

Philosopher est et demeure interroger. C'était vrai pour Socrate, et *mutatis mutandis*, cela l'est pour nous. Mais à l'inverse de ce qui se passait alors, il faut questionner le questionnement, et non pas se diriger en toute hâte vers la réponse, comme si c'était possible, comme en science ou, à défaut, se plaindre que c'est impossible, et se lamenter.

Le nihilisme et le positivisme ont ceci en commun qu'ils entretiennent la même vision du questionnement philosophique, qu'ils ne questionnent d'ailleurs jamais. Ce qu'est et doit être le répondre est une évidence. Quelle est cette conception ? Un problème est un défaut, une lacune, un obstacle, une difficulté, seule compte la réponse qui permet de le faire disparaître. En science, c'est possible : la question des lois de la gravitation est posée et résolue par Newton, plus personne ne la posera donc plus. Par contre, la liberté, la vérité, la justice, la mort, pour ne prendre que quelques problèmes philosophiques parmi d'autres, continuent d'alimenter les débats comme au premier jour. Faute de pouvoir les résoudre, faut-il simplement aller voir ce qu'en dit un Spinoza ou un Platon ? Faute de pouvoir y répondre, faut-il conclure que la philosophie est désormais impossible, qu'il n'y a plus de fondement pour trancher entre A et non-A, que tout vaut tout, que l'opinion et le subjectivisme sont désormais la vérité de l'Occident ?

S'il n'y a plus de fondement, parce que Dieu est mort ou ne répond plus aux attentes des hommes depuis Auschwitz, que la conscience telle que l'a mise en avant Descartes ne peut plus rien fonder, étant elle-même traversée par des courants inconscients, issus de l'Histoire pour Marx ou des traumatismes de l'enfance pour Freud, alors, plutôt que de constamment renoncer, osons chercher un nouveau fondement. Comme le philosophe l'a toujours fait quand il s'est trouvé confronté au scepticisme, à la *doxa*, à la crise.

Si l'on pose la question du fondement, sans préjuger de ce qu'il doit être, Dieu, homme, proposition ou quoi que ce soit d'autre, on ne peut dire que ceci : la seule réponse possible et vraie à la question du fondement, c'est le questionnement lui-même, car toute autre réponse le présupposerait, comme une réponse présuppose la question dont elle est la réponse.

Nous avons ainsi trouvé notre nouveau point de départ, et comme on le voit aisément, il est conforme au message philosophique éternel, lancé jadis par Socrate, et que l'on a malheureusement oublié dès Platon, pour des raisons que j'ai analysées ailleurs [1].

Avec le questionnement, on n'est plus ni dans le projet antique, centré sur l'Être, et ensuite, au Moyen Âge, sur l'être suprême, ni dans le projet moderne, qui fait tout partir du sujet, de l'homme. On est au-delà de ces deux points de vue, qui contiennent chacun leurs apories. Pour l'un, c'est le mystère de l'*accès* à l'être ; et pour l'autre, c'est l'absence d'assurance que la subjectivité s'enracine

---

1. M. Meyer, *De la problématologie*, Paris, Le Livre de Poche, 1994.

dans une réalité qui *est*, et surtout qui est au-delà d'elle. Le subjectivisme et le dogmatisme font ainsi échouer ces approches, et en les tuant, Nietzsche, Marx et Freud nous ont obligés, dès le siècle passé, à les dépasser, et à trouver une nouvelle assise à la pensée.

LA PHILOSOPHIE
PEUT-ELLE ÊTRE RIGOUREUSE ?

Quand on compare les progrès de la science au non-progrès de la philosophie, on ne peut s'empêcher de se demander s'il n'y a pas une faille dans la méthode. C'était déjà la question posée par Descartes dans son célèbre discours du même nom, et Kant, plus tard, voudra faire de la philosophie une science rigoureuse en la calquant sur la physique et en l'épurant de ses fantasmes métaphysiques à propos de Dieu, de l'immortalité de l'âme et de la liberté dans l'univers. On ne peut pourtant pas dire qu'après cela, les choses aient été mieux.

Mais pourquoi jauger la philosophie à l'aune de la science ? Elle n'en a ni les pouvoirs, ni la méthode, ni les objets. On fait une confusion en projetant l'idéal de l'une sur les réalités de l'autre. Elles sont certes issues d'une même souche, mais le raisonnement n'est pas le même. Avant de parler de la science, voyons donc comment raisonne la philosophie. À l'inverse de toutes les autres disciplines, il s'agit ici de ce que l'on pourrait appeler sommairement une « logique du problème ».

Si la philosophie est bien questionnement radical, si tout découle du questionnement même, il ne saurait en être autrement.

En philosophie, on déduit la réponse de la question, et c'est là un procédé unique, qui lui est propre. Prenons un exemple classique, celui du *Cogito* cartésien, le célèbre « Je pense, donc je suis ». Comment Descartes le déduit-il ? Le doute radical serait insurmontable si l'on ne pouvait déduire du fait de douter ce qui le résout. Et c'est bien ainsi que Descartes procède : en doutant de tout, on découvre qu'une proposition échappe au doute, à savoir celle qui l'exprime. Du même coup, la conscience s'affirme en train d'affirmer, et surtout d'affirmer qu'elle est conscience, substance pensante, quelque chose qui est pensant et en train de se penser tel. Aristote, avec le principe de non-contradiction, ne procède d'ailleurs pas différemment. Il imagine là aussi quelqu'un qui s'oppose à la validité du principe suprême du *logos* et de la raison. Mais en s'opposant, il vérifie la valeur de la non-contradiction, du « c'est lui ou moi ! ». Et le bon vieux Kant opère de semblable façon dans sa célèbre « *Déduction des Catégories* ». Comment déduire la valeur objective de catégories issues de la subjectivité humaine ? En affirmant qu'on ne peut les utiliser autrement, sans tomber dans des erreurs et des conflits insolubles. La réponse est là aussi dans la question. Celle-ci, en se formulant, fait éclore la solution.

On voit bien là la spécificité de la déduction philosophique, sa rigueur à défaut de sa méthode : la problématisation est source de réponse. Mais c'est là une façon de procéder qu'on ne trouve qu'en philosophie. En général, le fait de poser une question ne donne pas la réponse. C'est d'ailleurs par rapport aux autres formes de raisonnement que se marque l'embarras du philosophe lorsqu'il essaie de dire ce qu'il fait. Aristote parle d'une preuve *dialectique* ; Descartes, lui, ne sait pas trop si son *Cogito ergo sum* est une inférence ou une intuition, car sa déduction n'a pas de prémisses comme un syllogisme en a habituellement ; quant à Kant, il caractérise son mode de déduction en l'appelant *transcendantal*. Bref, ils se rendent bien compte qu'il y a une spécificité du philosophique qui le rend irréductible au raisonnement quotidien ou scientifique. D'une question comme « venez-vous demain au bureau ? », on ne peut déduire la réponse, car si c'était le cas, on n'aurait pas besoin de poser la question. En philosophie, c'est en formulant la question que l'on obtient la réponse, sans circularité d'ailleurs, car un cercle vicieux consiste à postuler la réponse alors qu'on en est encore au stade de la question, ce qui n'est possible que si on transforme en réponse ce qui est problématique. Dès lors qu'on différencie bien et la question et la réponse, aucune confusion, donc aucun cercle vicieux n'est possible. Si dans un procès par exemple, un procureur demande « Qu'avez-vous fait après avoir tué votre femme ? », alors qu'il doit démontrer que c'est bien l'accusé qui a assassiné cette personne, il commet un cercle vicieux. Le juge le rappellera à l'ordre, en lui disant que sa question affirme comme réponse ce qui est encore problématique. Une fois que c'est dit, toute confusion devient impossible, car l'on sait ce qui est en question et ce qui ne l'est pas.

En philosophie également, le fait de préciser le problème interdit de le prendre pour la solution recherchée.

Cette *logique problématologique* est bien différente de celle qui gouverne les propositions et leurs liens logiques. L'erreur d'un Aristote, d'un Descartes ou d'un Kant, c'est de ne vouloir connaître qu'un seul ordre, l'ordre propositionnel, avec sa déductivité, où l'on va, non de question en réponse, mais de proposition en proposition, d'axiomes en théorèmes, ce qui rend alors hautement suspecte cette logique philosophique, où l'on a la réponse dès la question, où la réponse à déduire est déjà là, où l'on postule donc la proposition à laquelle on devrait arriver. Aristote ne peut démontrer le principe de non-contradiction sans l'utiliser, et Descartes fait du doute, comme question, déjà une proposition. Bref, à vouloir justifier un ordre qui ne connaît que des réponses, des propositions, ces philosophes peuvent se voir reprocher de se mouvoir en cercle, alors que si on s'attache à la problématisation qui est la leur, on peut observer une véritable rigueur philosophique, où le questionnement qui leur sert de point d'appui engendre des réponses, différentiables comme telles. Ici encore, penser le questionnement s'impose.

Il est d'ailleurs à l'œuvre dans toute déduction, même si le but de celle-ci est précisément d'évacuer les questions, les alternatives, pour rendre absolue sa conclusion. Prenons un exemple : « Les serpents sont venimeux. Ceci est un serpent, donc ceci est venimeux. » Un syllogisme des plus classiques. Pour bien voir comment fonctionne le raisonnement, considérons la première prémisse : « les serpents sont venimeux ». De cette proposition, on ne peut rien conclure, car si je rencontre un x quelconque, il faut que je puisse dire qu'il est un serpent, et seulement alors pourrai-je inférer la conclusion ci-dessus. Et si je rencontre effectivement un x qui est un serpent, je ne pourrai conclure qu'il est venimeux, que si je pose au départ que les serpents sont venimeux. Tout ceci est bien connu depuis des siècles, mais ce qui l'est moins est que lorsque je dis « les serpents sont venimeux », rien n'empêche de mettre en question 1) que x soit un serpent, 2) que les serpents soient y

(venimeux). Donc, pour que la conclusion s'impose, il faut éliminer les deux questions, et c'est bien là le rôle que jouent les deux prémisses. La première dit « si x est un serpent, il est venimeux », ce qui interdit la mise en question 2). La seconde prémisse dit « x est un serpent », ce qui lève l'hypothèse selon laquelle le x rencontré pourrait être autre chose. Une inférence est donc l'énonciation d'une conclusion qui, pour s'imposer comme telle, nécessite que toute question sur la qualification du sujet et l'attribution du prédicat soit exclue. Inférer, c'est donc se mouvoir à l'intérieur du hors-question, de la proposition, comme si plus aucune question ne se posait, et les prémisses sont là pour évacuer l'inévitable interrogation qui préside à toute réponse, à toute conclusion.

Le fossé qui semblait exister entre le raisonnement philosophique et les autres s'estompe. Dans les deux cas, il y a un problème à résoudre : on l'évacue, si on veut une conclusion nécessaire, on le pose tel si l'on accepte de penser le problématique avec une pluralité d'alternatives qui l'expriment, voire qui coexistent ; c'est ce que nous avons appelé le *problématologique*.

LES ARGUMENTS DU PHILOSOPHE

Le discours philosophique a donc sa logique propre. Vouloir en faire le doublet de la science par le biais de l'inférence contraignante syllogistique, c'est sacrifier à l'idéal mathématique. On doit sans doute à Platon cette volonté de faire de la philosophie une manifestation de la déduction mathématique, parce qu'il luttait contre la « pensée molle » de l'époque, la sophistique. Mais qu'est-ce qu'un sophiste ? Un rhéteur, un manipulateur des mots et des esprits, qui peut tout défendre pourvu qu'on le paie. Il exemplifie, aux yeux de Platon, le démocrate. L'opinion l'emporte sur la vérité, le subjectif sur l'objectif, le sensible sur l'intellect, le changeant sur l'éternel. La rhétorique est le contraire de la philosophie : ses conclusions sont incertaines, et ce qui est pourrait être autre, un être multiple et insaisissable. Mais pour le philosophe, l'être doit être univoque, unique : il se dit d'une voix, celle de la science, du vrai absolu, exclusif.

Arrêtons-nous là. Une telle vision de la philosophie et de son mode de discours est contraire à la réalité. Platon met en scène des dialogues qui n'ont rien de mathématique, et ses conclusions sont plus suggérées que démontrées. C'est d'ailleurs cela qui rend Platon si fascinant et si stimulant, encore aujourd'hui. On ne peut dire la même chose d'Euclide, malgré son grand génie.

Bref, si la philosophie n'aime guère la rhétorique, elle ne se prive pas de l'utiliser. Les philosophes argumentent, s'opposent, se critiquent, se contredisent : en un mot, ils questionnent, et c'est bien ce que l'on attend d'eux. Le sophiste – accordons-le à Platon – est un mauvais philosophe, s'il en est. Il masque les problèmes dans et derrière des réponses qui n'en sont pas ; il illusionne son auditoire, même s'il lui fait plaisir.

Parfois, sinon bien souvent, le philosophe pose des questions dont il ne tire pas la réponse de son propre questionnement. Il cherche ses réponses ailleurs : chez les autres, dans le public qu'il veut conquérir, dans les opinions du moment, sans que cela prête d'ailleurs à mal. Il se fait alors l'écho articulé des croyances implicites, le porte-voix de vérités convenues. Mais même dans ce cas, il argumente, il tranche des questions, oriente les réponses de son auditoire, s'appuie sur des solutions admises. Il cherche à convaincre et son discours est au moins rationnel, sinon raisonnable, par les raisons qu'il lui donne et qu'il se donne. La philosophie ne peut exister sans cette argumentativité minimale ; sinon elle devient obscure, et même, obscurantisme, lorsqu'on peut opposer à un discours philosophique le discours exactement contraire.

Il est donc intéressant de s'interroger sur ce que l'on appelle l'argumentativité du discours, sa rationalité si l'on veut. Une rationalité naturelle, qui résulte autant d'une intention que de l'usage du langage, qui traduit cette intention. De là à faire de cette argumentativité, comme certains linguistes l'ont prétendu, un trait du langage lui-même, il y a un fossé. Car bien des propositions ont une valeur argumentative et rhétorique, sans que cela se marque linguistiquement, simplement parce que le contexte y pourvoit.

Qu'est-ce alors que l'argumentation ? Qu'est-ce que la rhétorique ? On a donné bien des définitions de l'une et de l'autre, oubliant parfois de les distinguer. Pour Aristote, l'argumentation, c'est de la dialectique : on débat, on discute, et bien sûr, on s'interroge ensuite sur les règles générales du débat et de la discussion. La rhétorique, quant à elle, se prononce, toujours selon Aristote, sur des questions particulières, comme le beau ou le juste dans tel ou tel cas. Les exemples, les inductions du particulier vers le général, le style que l'on adopte pour narrer les faits, relèveront dès lors davantage de la rhétorique, qui est beaucoup moins conflictuelle que l'argumentation. Comme si, de deux, on était passé à la solitude ; et du dialogue, au monologue. Plus tard, c'est-à-dire après Aristote, la rhétorique s'est concentrée sur le style et les figures littéraires, tandis que l'argumentation devenait surtout le fait de la pratique judiciaire, avec ses débats contradictoires.

La philosophie est devenue à son tour un mystère pour elle-même : n'ayant ni les ressources des sciences expérimentales, ni la force interne de la logique purement conceptuelle, que valait-elle au juste, que disait-elle, ou plutôt comment le disait-elle ? Réponse : elle donne des raisons qui, pour n'avoir pas la force contraignante de la logique, n'en sont pas moins des raisons, des *arguments*, qui orientent la pensée dans un sens que chacun peut *objectivement* parcourir.

Ce qui conduit à s'interroger sur la rhétorique et l'argumentation. La rhétorique est une relation où l'auditoire compte : il faut le convaincre, par exemple. Mais pas forcément. C'est à ce stade que se différencient la rhétorique et l'argumentation. La rhétorique est, d'une manière générale, négociation de la distance entre les sujets. Une négociation ne vise pas forcément à réduire la distance, mais s'efforce parfois de la consacrer. Nous vivons en société, et les différences entre les individus et entre les groupes sont un fait. La rhétorique conforte cette distance, l'accroît parfois, cherche à la réduire, fût-ce par la seule forme, ou même par la persuasion, et c'est alors que la rhétorique se réduit à l'argumentation. On peut d'ailleurs diminuer cette distance en voulant plaire plutôt qu'en s'efforçant de donner des raisons, des arguments. Aussi faut-il encore distinguer la rhétorique argumentative de celle qui ne l'est pas, même quand on veut susciter l'adhésion chez l'Autre.

Mais souvent, en pratique, les deux se mélangent : plaire et convaincre, séduire et argumenter, s'épaulent l'un l'autre, par exemple en politique ou dans la publicité.

La philosophie, fondée, elle, dans la Raison, est néanmoins essentiellement argumentative, même si elle s'est voulue « logique » au départ. C'est là sa rhétorique propre. Ajoutons que la rhétorique n'est pas simplement négociation d'une distance intersubjective, mais qu'elle a un objet qui est comme la mesure de nos différences : il faut qu'il y ait une question au départ, sur laquelle on n'est pas d'accord, ou au contraire, à partir de laquelle on repère et confirme ses identités. Dans tous les cas de figure, la rhétorique est fondée sur la relation *ethos-pathos-logos* : un orateur ou un auteur, un auditoire, et le discours qui les relie. L'*ethos* a donné lieu à l'éthique, le *pathos*, aux passions, qui sont ce que subit l'auditoire du fait de l'orateur, et le *logos*, qui est le discours et partant, la logique. On retrouve là la forme que prennent Soi, Autrui et le Monde dans la rhétorique. L'*ethos*, à l'origine, exprime la vertu, la capacité de résoudre les questions dont il est question dans le débat. De question en réponse, de réponse en question, la chaîne est infinie s'il n'y a pas, à un moment donné, un point d'arrêt, qui fait office d'argument d'autorité. L'autorité de l'auteur, de l'orateur, c'est son *ethos*, sa valeur d'expert sur la question donnée, qui fait en sorte qu'on ne remet plus en question ce qu'il dit et qu'on croit ce qu'il dit. En s'universalisant, en se généralisant, la valeur, qui ne concernait que les aspects oratoires du sujet, est venue à le caractériser comme sujet, comme homme, comme personne. L'éthique en est le point d'aboutissement. Il en va de même du *pathos* : d'auditoire qui s'arrête à ses émotions, le *pathos* en est venu à signifier la passion et la réceptivité passive, la psychologie particulière des Autres dans leurs différences singulières. Quant au *logos*, de message, il est devenu son contenu, discours du monde, ou monde comme discours, créé ou non (« Dieu est *logos* »). L'universalisation philosophique a résorbé l'*ethos* et le *pathos* pour en faire l'humain, l'universel et le particulier (de cet universel), tout comme le *logos* s'est universalisé en *logique*, où s'engloutit la différence subjective de l'orateur et de l'auditoire. Ces trois dimensions se sont alors muées en disciplines séparées et presque autonomes, comme l'éthique, la pathologie (ou l'homme singulier, « idiot ») et la logique. Une pathologie qui allait relever, au départ en tout cas, autant de la médecine que de la psychologie.

L'universel, en philosophie, est quelque part l'inclusion de l'Autre. On semble ne s'adresser qu'à un lecteur anonyme, incarnation désincarnée d'un « auditoire » particulier mais en réalité, on négocie avec son lecteur l'adhésion à ce que l'on écrit.

Comment procède-t-on en rhétorique pour négocier cette distance à propos d'un problème ? Envisageons d'abord la question et ses présupposés, son contexte, historique ou même immédiat. C'est ce que l'on appelle la démarche *ad rem*, que l'on distingue de la démarche *ad hominem*, où l'on fait porter tout le poids sur la distance entre les individus qui argumentent, s'opposent, voire s'accordent. Il y a des traits de la question qui lui sont propres, qui caractérisent *ce* dont il est question comme spécifique : ce sont des évidences, des acquis, fussent-ils d'ordre langagier parce qu'on parle une langue commune, tout simplement. On les appelle des *lieux propres* à la chose dont il est question, par opposition aux *lieux communs*, qui sont généraux, presque comme des proverbes. Ainsi, on peut s'interroger sur l'opportunité de ne plus manger de bœuf à la suite de l'épidémie de « vache folle », mais ce qui sous-tend le débat, et qui est hors-question, c'est qu'il faut défendre la santé publique, qu'il vaut mieux être en bonne santé qu'avoir une agriculture florissante mais charognarde.

Les lieux communs comme les lieux propres sont les réponses admises sur lesquelles on ne revient pas, et elles servent de prémisses à tout raisonnement ultérieur. Le souci de l'universalité est un lieu propre de la philosophie.

Les lieux propres se définissent par les réponses aux *qui*, aux *quoi*, aux *où*, aux *comment*, aux *quand*, qui contextualisent cela même *qui* est en question. Les enquêteurs savent bien qu'il leur faut répondre à toutes ces questions, s'ils veulent convaincre un jury qui doit se prononcer sur un crime, par exemple. Les lieux communs, quant à eux, expriment ces catégories de temps, d'espace (de lieu précisément), d'instrumentalité, etc., *en tant que questions*. Un lieu est toujours une prise de position sur une de ces questions, jadis recensées par le célèbre rhétoricien latin Quintilien, qui suivait en cela Aristote et ses non moins célèbres *catégories*. Un lieu est une réponse qui va de soi, et qui est d'autant plus propre à un domaine

qu'il s'y applique exclusivement. Mais il ne faudrait pas
croire que les lieux, pour être des hors-question servant à
résoudre des questions, ne soient pas susceptibles d'être
remis en question. On pense aux *paradigmes* chez Kuhn
qui définissent des lieux théoriques à l'intérieur desquels
on opère, mais qui peuvent être interrogés à leur tour,
notamment dans des périodes de *révolution scientifique*.
En fait, et pour résumer, les lieux représentent l'ensemble
des questions que l'on peut soulever à propos d'un problème
donné. En philosophie, la justice, la liberté, la vertu ou la
vérité sont associées à de nombreux lieux ; elles *sont* même
des lieux philosophiques par excellence. Ces lieux sont ce
dont on débat et discute, tout en étant, semble-t-il, hors
question. D'où la différence qu'il faut faire entre ce *dont*
il *est* question et ce qui *fait* question. Si je dis « Napoléon
est le vainqueur d'Austerlitz », il *est* question de Napoléon,
mais ce qui *fait* question est plus vraisemblablement
l'identité du vainqueur de la bataille.

Résoudre des questions, en philosophie comme ailleurs,
c'est le plus souvent évaluer, confronter et choisir des
réponses préalables ou extérieures, fournies par le sens
commun ou les sciences humaines par exemple. Sauf
lorsque le philosophe produit son propre système, ce qui
ne s'est plus produit depuis la fin de la Deuxième Guerre
mondiale, notre « guerre du Péloponnèse » à nous.

Évaluer et juger se fait à l'aide de lieux. L'*ad rem* en
a besoin. Mais discuter d'une question peut être plus
conflictuel, plus radical même, et alors, on distingue trois
moments, liés aux composantes habituelles de l'inférence
et qui sont résolus a priori par le syllogisme. On peut nier
ce qui relève d'un sujet : ceci n'est pas x ; on peut nier le
prédicat : c'est bien un x, mais il n'est pas y ; on peut enfin
nier la pertinence ou la légitimité de la question soulevée.

Si l'on reprend notre exemple du chapitre précédent, « les serpents sont venimeux », on voit bien que quelqu'un qui passe au-dessus de ce qui semble être un nid de serpents a bien dû nier l'un des trois éléments, et répondre par la négative à l'une des trois questions correspondantes, même s'il est fou ou imprudent. Soit il estime que ce ne sont pas des serpents mais, par exemple, des cordes enroulées qui barrent la route. Soit il pense que ce sont des serpents mais qu'ils ne sont pas *y*, c'est-à-dire venimeux. Soit il s'en moque tout de même et ne se sent pas concerné par le problème.

En philosophie aussi, on retrouve ces trois procédés argumentatifs pour débattre des questions. L'importance accordée aux faits a surtout marqué toutes les formes de réalisme et d'empirisme (Locke, Berkeley et Hume). L'importance accordée à leur constitution a surtout été le fait de l'idéalisme et du rationalisme : ce qui compte est la partie qualifiante du perçu, sa qualité, sa qualification, son interprétation ; bref, la partie non sensible mais intelligible et conceptuelle (Platon, Kant) du réel. Et enfin, on a une manière de philosopher qui est plus méthodologique et descriptive que constitutive, plus analytique et plus centrée sur la légitimité des problèmes, voire déconstructiviste, que l'on trouve aussi bien dans la pensée théorique ou pratique allemande, avec Habermas, que dans la philosophie politique anglo-saxonne, essentiellement analytique, ou dans la pensée française, avec Derrida.

Pourtant, chacun de tous ces grands courants de pensée n'a pu se dispenser de raisonner sans ce qui imprégnait les deux autres. Preuve que la méthodologie de la philosophie *en tant que discours* est argumentation, et que le philosophe ne peut faire l'économie du traitement argumentatif de son interrogativité, sous peine de naïveté.

L'argumentation en philosophie est essentielle, car celle-ci n'a ni les ressources expérimentales de la science, ni la contraignance formelle des mathématiques ou de la logique. Il ne lui reste qu'à débattre des questions, en se nourrissant des multiples arguments qui ont trait aux thèses qu'elle défend à un moment donné.

Les conclusions de la philosophie n'auront donc jamais rien d'absolu : elles resteront toujours, quelque part, problématiques. C'est-à-dire source de questions, celles que l'on se pose, celles qui nous interpellent et même qui s'adressent à notre sensibilité. C'est là, peut-être, que la philosophie est le plus proche de la sophistique, cette mauvaise rhétorique tant décriée par Platon, et que l'on doit dénoncer en déconstruisant la rhétorique en général pour ne plus se laisser abuser par des artifices de langage. Cela dit, n'oublions jamais que la problématicité de la philosophie est conforme à ce qu'elle est : une réflexion sur les problèmes, ce qui est déjà une réponse.

l'annulation fictive de ses mouvements, qui y sont figurés comme des variations plus ou moins libres.

À l'inverse, la religion ignore le temps. Son thème favori est l'éternité, ce qui est encore une réponse à l'Histoire, surtout lorsque celle-ci est violente, déstabilisante, et ne laisse guère d'espoir dans ce monde-ci.

Il reste alors une troisième réponse : celle de la philosophie. Quelle est la différence de base entre la philosophie et la religion ? La religion se meut dans le dogme et la foi, c'est-à-dire ce qui échappe à l'interrogation. Elle répond sans mettre en question, et elle accepte mal la mise en question. La philosophie, elle, aimerait pouvoir se réclamer de certitudes, mais les seules réponses qu'elle peut mettre en avant sont issues d'un questionnement, et le plus souvent, elle se maintient dans un répondre éminemment problématique. La philosophie est, jusque dans la métaphysique même, interrogative. N'admettre pour réponse que ce qui a d'abord été mis en question : telle est, depuis Socrate, la nature même de la pensée philosophique. L'Histoire qui s'accélère n'épargne pas les pensées constituées, témoins de l'ancien. Les vieilles littéralités sont mises en question, et ne pouvant plus être prises au pied de la lettre, elles deviennent figuratives et métaphoriques. La philosophie s'efforce de construire de nouvelles littéralités, comme si les précédentes étaient périmées. Chaque philosophe important a été critique à l'égard de ses prédécesseurs, comme si tout commençait avec lui. Était-ce inconscience, arrogance, voire ignorance ? Bien sûr que non. Mais au nom de la lucidité du moment, chaque philosophe a décelé quelque chose de nouveau à voir qui était enfoui et ignoré par ceux qui le précédaient, et qui souvent était en eux. Une nouveauté qui le rendait à la fois actuel et éternel, puisqu'il s'agit chaque fois de quelque chose d'important, d'essentiel, qu'une époque peut négliger mais non une autre. Si l'on prend l'exemple de la subjectivité, il est clair qu'avec la sophistique, les Grecs ont connu l'opinion individuelle et l'importance du monde sensible. Mais ils ne lui ont pas donné le rôle crucial que lui a assigné la modernité. De même pour le langage : on n'a pas attendu Wittgenstein pour parler du langage, mais avant lui, il n'était pas le refuge de la rationalité et de la subjectivité qu'il est devenu avec lui.

La philosophie se construit donc chaque fois comme si rien ne venait avant, recommençant l'entreprise sur des bases nouvelles, refondant son ou ses principes comme si la philosophie n'avait pas d'âge, ce qui est sa façon de répondre à l'Histoire. Et en percevant cela, elle ne peut ignorer ni la religion, ni l'art, en ce que la première y répond en la niant, en ce que le second y répond en visant la continuité, et en ce qu'elle-même y répond en refoulant ce qui précède pour reconstruire ce que les temps nouveaux imposent, faisant saisir ce qui les dépasse à leur tour.

QU'EST-CE QUE LA MÉTAPHYSIQUE ?

La philosophie est née de la démythologisation. Aujourd'hui, on dirait : « du rejet de la métaphysique ». Les premiers philosophes furent en réalité des physiologues, des penseurs de la nature. On dirait aujourd'hui de la physique, plutôt donc que de la métaphysique. Et pourtant, celle-ci est inséparable de la philosophie. La recherche du Tout, des fondements, de l'être dans son essence même, a toujours animé la pensée humaine. Kant y voyait le propre de l'esprit, et à la fois sa plus grande source d'erreur et de conflits internes pour la pensée même ; Heidegger voit dans cette quête de l'Être la « définition » de l'*être* humain, un être qui a pour caractéristique de base de s'interroger sur l'être.

Qu'en est-il en vérité ?

Pour comprendre les rapports qui lient le physique au métaphysique, il faut saisir à quoi les deux répondent à l'origine. Aristote faisait du principe de non-contradiction le principe suprême de la pensée, du discours, et de la raison, parce que ce principe répondait à une aspiration profonde depuis l'effondrement de la mythologie. La mythologie reposait sur un monde relativement stable, pénétré d'identités plus ou moins évidentes. La non-contradiction n'avait pas à se dire comme exigence. La mythologie ne se souciait donc guère de littéralité, car elle incarnait des différences d'avec le monde quotidien dont on savait bien que ce n'était pas ce monde-ci. Sa cohérence ne relevait pas d'un quelconque principe posé au départ. Avec l'effondrement de la mythologie, avec le changement, qui fut le problème majeur pour les Grecs, l'identité des choses, de l'être, par-delà les apparences qui voient A devenir non-A, devient une exigence principielle. C'est à quoi a répondu le principe de non-contradiction : on peut avoir A et non-A, mais pas en même temps. Allons plus loin. Quand on dit que A ou non-A est vrai, qu'un des deux est nécessairement exclu, on fait de l'alternative, quelle qu'elle soit, ce qui est à éradiquer, à évacuer comme non conforme. On rend le problématique étranger au *logos*, conformément à la vieille sagesse grecque qui veut que celui qui résout les énigmes est un authentique philosophe. Or, une énigme, c'est une contradiction, quelque chose qui pose A et non-A en même temps. C'est un vrai problème, en ce sens qu'au moins deux termes coexistent, et il est exclu de considérer l'alternative A/non-A comme ayant droit de cité. Il faut donc jeter une exclusive sur l'interrogativité, l'expulser du *logos*, et faire de l'impossibilité d'avoir une chose et son contraire une impossibilité *logique* et même *ontologique*. La pensée répondra ou ne sera pas, et comme le problématique ne peut en faire partie, on ne pourra même plus dire qu'elle *répondra* : elle affirmera, et la nécessité d'affirmer, donc d'être propositionnelle, constituera sa propre nécessité. La nécessité qui consiste à faire de la nécessité une norme absolue, donc elle-même nécessaire, sera désormais une évidence de la pensée. Par nécessité, on entend précisément « ce dont le contraire est impossible », ce qui signifie tout simplement que *nécessairement* A exclut non-A (ou l'inverse), et que si l'un des deux est vrai, *nécessairement*, l'autre ne *peut* l'être.

Dire ce qui est exclut donc ce qui n'est pas. La résolution d'un tel projet accomplit le destin de la pensée occidentale, tel qu'il vient d'être défini. Le principe de non-contradiction est l'expression axiomatique de la nécessité. Trancher les alternatives est l'affaire de la *science*, et la justification de cette nécessité est celle de la *métaphysique*. L'une ne va pas sans l'autre, mais d'entrée de jeu, on peut voir que la science n'aura guère besoin de la métaphysique. Elle résout, elle va de l'avant, et ne s'interroge pas sur les raisons qui la poussent à être scientifique. Ce qu'est la science n'est pas une question qui en relève. Or, le but de la métaphysique est de fonder la nécessité, de montrer par un fondement absolu, lui-même nécessaire (appelé Dieu), que la nécessité se réalise dans la résolution qui exclut l'un des termes A ou non-A. La science le fait, et comme c'est ce qui compte, la métaphysique semble superflue d'entrée de jeu. Cela d'autant plus que *ce qui est* l'est de façon multiple, que la contingence est incontournable ; pour trouver ce qui est, la science apparaît plus efficace que la métaphysique qui s'empêtre dans une nécessité introuvable, qu'elle prétend fonder. La pensée ira donc vers « l'oubli de l'Être » comme on abandonne une impasse, au nom même, il est vrai, de l'ambition qui pousse à s'y attacher.

Si les Grecs furent obnubilés par l'Être, la nécessité de ce qui est, l'identité des choses dans leur substantialité par-delà la diversité contingente des prédicats, les Modernes, eux, le furent par la subjectivité, préférant renoncer à trouver dans l'Être une nécessité et un fondement vides car purement formel. Mais comment déduire de soi, du Soi, tout ce qui y échappe, presque par définition ? Comment retrouver le monde, les dieux, le bien, ou le réel, « dans sa tête » pour ainsi dire ? À titre d'Idée, dira Kant, de conscience intérieure, d'espérance. Sans doute.

Ce qu'il faut voir, et qu'a bien vu Nietzsche, est qu'il y a quelque chose d'essentiel qui est commun à l'obsession de l'Être et au primat de la subjectivité dans l'Histoire : un même souci de la nécessité, du résolutoire, du propositionnel traverse ces deux quêtes, où l'on dérive de cause en cause à la recherche de propositions premières absolues et absolument nécessaires. On a ainsi simplement remplacé le nécessaire de ce qui est, et qui ne peut donc pas ne pas être si être il y a, par le nécessaire de la subjectivité, du *Cogito*, de la conscience. On ne peut penser sans se penser en train de penser, et c'est cette nécessité-là qui les fonde toutes : Descartes veut finalement la même chose que les Grecs, même s'il la voit ailleurs.

En réalité, il n'y a pas de nécessité à la nécessité sans pétition de principe. Le fondement n'est pas là, ni en elle, sans que cela invalide la quête du fondement, comme on le croit à tort depuis quelques décennies.

Qu'est-ce alors que la métaphysique ? Elle est davantage dans l'interrogativité du réel, ou à laquelle le réel donne lieu, que dans les réponses. Le réel pose question de façon inépuisable, et cette transcendance est méta-physique. Il est vain de chercher dans les formes traditionnelles de la nécessité l'essence même de la métaphysique : l'âme qui est nécessaire et se survit nécessairement à elle-même ; la liberté qui est la nécessité consacrée par l'homme ; Dieu, qui est la nécessité même. *La métaphysique est l'ensemble des problèmes qu'aucune question, même résolue, ne saurait épuiser*. Or, dans toute question, se retrouve l'énigme du Soi, de l'Autre et des Choses. Le « *pourquoi ?* » et le « *à quoi bon ?* » sous-tendent nos plus petites questions, nos plus infimes résolutions. Dieu lui-même ne saurait être pour nous qu'énigme et interrogation, et non l'intervenant permanent qui garantit nos succès. C'est Dieu, dit le

théologien Karl Barth, qui place l'homme entre le « Oui »
rassurant et le « Non » qui inquiète, car Dieu est cette
double destinée de l'angoisse et de la confiance. Le divin,
en l'homme, définit la problématicité de la condition
humaine. Plus l'Histoire avance, et on le voit bien quand
on étudie le passé, plus Dieu se retire du monde et devient
plus abstrait, plus formel, plus énigmatique. Le monothéisme,
le refus de nommer Dieu, de le représenter, et pour
contrebalancer ce retrait, de lui trouver malgré tout un fils,
homme parmi les hommes, montrent à suffisance l'historicité
du rapport au divin et le souci d'inclure autrement la
transcendance énigmatique du divin, à l'aide d'intermédiaires
qui *répondent* quand on les prie et qu'on les interroge.

Depuis Kant, et malgré Hegel, on n'arrête pas de
proclamer la fin de la métaphysique et son impossibilité.
Et quand on s'y attarde malgré tout, c'est pour la déconstruire
et la problématiser au plus mauvais sens du terme. Certains
philosophes contemporains se veulent ainsi respectueux
du questionnement, qu'ils ne comprennent guère en ce
qu'ils y voient une faille et une négativité, comme par le
passé. Mais à l'inverse du passé, ils le reconnaissent
désormais comme étant incontournable, n'ayant sans doute
pas le choix. Si l'on se penche sur l'histoire de la
métaphysique, qu'observe-t-on sinon, précisément, un
éloignement de ce qui est transcendant, un souci de plus
en plus grand de l'immanence, tandis que des concepts
comme Dieu, l'Être, le Sujet, ou le fondement, se vident
peu à peu de tout contenu univoque ? Cet écart accroît le
fossé entre le physique et le métaphysique, lequel tend à
devenir de plus en plus inaccessible et de plus en plus vain.
Si l'on ne peut vivre sans se poser des questions
métaphysiques, ou à tout le moins sans y répondre *de fait*,
car on donne souvent malgré soi un sens précis, encore

que non questionné, à sa vie et à ses actes, l'embarras est grand lorsque l'on constate qu'elles n'ont plus de solutions *théoriques* universelles et univoques.

La problématicité est donc vécue non comme une richesse et une positivité, mais comme une impossibilité et un échec. Faute d'avoir questionné le questionnement, la philosophie se heurte malgré tout à lui avec les vieux concepts qui en ont fait quelque chose de négatif. Elle affronte le problématique sans y être préparée. Elle véhicule une tradition centrée sur les solutions qui évacuent les questions, et non qui les pensent.

Il faut donc aller au-delà, et ne pas se contenter de voir les questions qui surgissent. Il faut penser le questionnement comme tel, à partir de lui-même, et accepter l'idée que la première étape de toute résolution possible a lieu avec la question. Bien poser une question, la réfléchir, en appréhender les tenants et les aboutissants, est le tout premier pas de la pensée dans sa positivité même.

Il y a bien évidemment des illusions métaphysiques : elles consistent à prendre pour réponse ce qui est de l'ordre de la question. L'indifférenciation des deux est une forme d'in-différence au questionnement. La métaphysique que l'on rejette, c'est elle qui prend pour des réponses ce qui sollicite par l'interrogativité l'esprit humain. Les dogmatismes, religieux ou non, font partie de ces illusions. Ils mettent en œuvre des notions qui font question en les faisant passer pour les solutions dont chacun aurait besoin. L'ascèse de la pensée vise à faire accepter la problématicité de l'existence, de la mort, de Dieu, lesquels nous posent problème, et que nous devons reconnaître modestement comme tels. À chacun d'y apporter une réponse qui ne sera pas forcément *la* solution pour tous. L'universalité, où se rejoignent tous les hommes, consacre la problématicité, et l'acceptation de celle-ci est donc ce que le philosophe doit enseigner. Toute autre réponse trahirait cette interrogativité, et se rendrait illusoire du même coup.

On objectera sans doute, avec Kant, que la métaphysique est illusoire *par nature*, parce qu'elle dépasse a priori le monde physique, l'univers sensible. Mais on a affaire en ce cas-ci à une vision semble-t-il non questionnée de ce qu'il faut entendre par une résolution adéquate. Les questions métaphysiques proviendraient d'un usage non sensible de catégories et de principes qui régissent l'entendement. Ainsi, la causalité a-t-elle un sens pour rendre compte des événements qui se produisent dans le monde sensible, mais si on l'emploie sans cette limitation, on va se demander la cause de la cause de la cause, et ainsi à l'infini, sans savoir si, précisément, la chaîne est finie ou infinie, car le principe de raison suffisante, qui est à la base de la catégorie de cause, est muet à cet égard.

En limitant de tels principes, et les catégories qui en sont issues, au champ sensible, plus de métaphysique. Mais étant donné que ces principes sont postulés d'entrée de jeu comme naturels pour l'esprit humain, la métaphysique redevient aussi naturelle qu'insoluble. Si on remettait en cause principes et catégories ultimes, ils n'engendreraient plus ni illusion ni conflits insolubles, et on n'aurait plus besoin non plus de les limiter, pour consacrer la barrière du physique et du métaphysique. Ce n'est pas en limitant des principes, sources de conflits et d'irrésolutions, qu'ils cessent de l'être. C'est en acceptant l'idée que les principes mêmes sont problématiques, qu'ils sont ceux du problématique, qu'ils servent à le penser et à articuler la problématicité, que l'on retrouvera la métaphysique dans toute sa richesse. Par là, nous apparaissons comme problématiques, en tant qu'êtres en question dans chaque question. Ex-ister, c'est être « dans » toutes ces questions qui portent sur les objets et sur Autrui, en étant donc leur objet indirect.

Bref, limiter les principes à la sensibilité n'empêche pas l'illusion ni la condamnation du métaphysique. Par contre, les changer et les réinterpréter permettent de les éviter l'une et l'autre. L'aune de la réponse se détruit d'elle-même puisque, qui dit réponse dit question, donc renvoi à autre chose qu'à la réponse, preuve que la métaphysique est cette « science » des problèmes qui les pense à partir d'eux-mêmes, sans chercher à se modeler sur l'empire des *solutions*, où règnent des critères par nature inadaptés au problématologique.

La métaphysique est possible parce qu'elle n'a pas à limiter son répondre au répondre, et qu'en se penchant sur lui d'ailleurs, elle est contrainte d'aller *au-delà* (*méta*), vers les questions mêmes, s'ouvrant par là sur un domaine propre. Tel est le sens nouveau que nous voudrions voir reconnaître à la métaphysique aujourd'hui : une interrogation sur l'interrogativité même, où Soi, le Monde et Autrui se révèlent dans leur problématicité, sans que cela soit synonyme d'impossibilité ou d'illusion, étant entendu qu'illusion veut dire ici illusion de solution et que ce n'est vraiment pas le problème.

QUE DIT LA PHILOSOPHIE À PROPOS DE LA SCIENCE ?

La philosophie, à ses débuts, ne se dissociait pas de l'entreprise scientifique. Démythologiser les explications signifiait recourir aux éléments immanents à la nature pour expliquer celle-ci. L'avènement de la raison impliquait la science.

Aujourd'hui, la situation est quelque peu paradoxale, car la philosophie affirme parfois que « la science ne pense pas » (Heidegger), mais si l'on observe les choses attentivement, on est obligé de constater qu'il n'y a plus qu'elle qui « pense », vu le défaitisme philosophique ambiant, fait de renoncements multiples jusque dans l'étude de l'homme et de son psychisme qui lui étaient réservés jusqu'au début du siècle passé.

On ne peut négliger la science, encore moins l'ignorer, car elle fait partie intégrante de la réflexion de l'homme. Tout dépend ce que l'on attend d'elle. Et s'il s'agit de la « fonder », comme Descartes le voulait, force est de constater que c'est inutile : elle n'en a pas besoin. Par contre, s'il s'agit de voir comment elle procède afin de mieux comprendre la Raison, alors la science est importante pour la philosophie. Et s'il s'agit d'*interpréter* la science et ses résultats, afin d'intégrer en une vision systématique ce qu'elle dit de l'espace, du temps, de la matière, etc., alors la philosophie, en retour, sera importante pour la science, laquelle verra mieux ce qu'elle apporte de façon fragmentée et analytique, au nom de l'efficacité, alimentant la réflexion de fond que l'homme a de l'univers et de sa place dans cet univers.

La méthodologie de la science – ce que l'on appelle l'*épistémologie* – illustre bien le fonctionnement de l'esprit humain.

La recherche scientifique est considérée comme un processus à deux étages : la découverte, plus ou moins consciente, subjective, et la justification, qui objective et met en forme universelle, et répétable si possible, les résultats acquis au premier niveau. À propos de celui-ci, on a parlé d'induction, d'intuition même, voire de génie, tandis que celui-là était considéré comme soumis à l'empire du logico-expérimental, lieu même de la validation et de l'exposition. Les Grecs appelaient cela, respectivement, l'analyse et la synthèse.

En réalité, la meilleure manière d'envisager ce premier niveau est de le considérer comme celui de la problématisation, avec ses incertitudes comme avec ses premiers résultats. Les réponses obtenues sont donc *problématologiques* car elles se réfèrent encore au problème de base, qu'elles articulent en sous-questions, ce qui est déjà une réponse et ce qui permet d'aller de l'avant, de progresser. Le second niveau, lui, est sans aucun doute celui où se vérifient les premières réponses : elles s'affinent, se précisent, se réarrangent, se simplifient et se constituent en théories expérimentales. On appelle *apocritique* ce genre de réponses, car ce qui prime n'est plus le renvoi aux questions successives, mais aux autres réponses, qu'elles structurent et avec lesquelles elles forment un ordre propre.

Les questions que l'on pose sont des réponses à leur tour, et partant, le langage, théorique, qui permet de les formuler reçoit d'autant plus de confirmation que ces questions y trouvent leur solution. Et inversement, plus les questions sont insolubles dans le cadre qui les suscite, plus ce dernier va, en retour, être remis en question. C'est ce que Kuhn appelle une *révolution scientifique*, et Popper a eu raison de souligner de son côté que ce processus de questionnement est continu, même si cela n'apparaît pas explicitement.

Mais la véritable question qu'il faut se poser est celle-ci : quelle est la nature de la réalité pour qu'elle ne se « donne » jamais qu'interrogativement ? L'image que l'on se fait du réel est tissée de choses, d'événements, de faits, non de problèmes qui semblent relever de la pensée et non du réel lui-même. C'est oublier un peu vite que le réel commun est fait de réponses sédimentées qui, ne faisant plus question, font oublier qu'il est issu de questions. Une autonomie que le temps a consacrée mais à l'origine, les tables, les chaises et les autres éléments de notre réalité quotidienne ont eux aussi été problématisés pour pouvoir être repérés tels. Bien plus, l'expérience est un flux continu et presque instantané de réponses à des questions le plus souvent inconscientes, ou en tout cas, imperceptibles, où se confirme « l'évidence du monde ». On ne perçoit jamais du réel que ce qui nous interpelle, en fonction des questions qui sont les nôtres, mais comme ce sont les réponses qui nous intéressent, on en oublie les questions. Sartre donne l'exemple de quelqu'un qui rentre dans un café à la recherche de Pierre. Que verra-t-il ? Tout ce qui peut répondre à son problème : il « verra » l'absence de Pierre, c'est-à-dire *que* celui-ci n'est pas là. Le réel n'émerge qu'en réponse à des questions, et l'homme de la rue procède ainsi, au départ à tout le moins, comme l'homme de science. Mais au lieu de retomber sur des évidences déjà connues, le scientifique s'efforce de les constituer et d'en élaborer de nouvelles, le plus souvent en s'éloignant de la perception, ce qui le pousse à mettre sur pied des processus d'exploration du réel fort lointains de ceux que nous offre notre corps. Le formalisme mathématique, un outillage complexe, viennent ainsi à l'appui de l'interrogation scientifique.

Il n'empêche qu'elle est, à la base, simple à saisir, en tant que mécanisme interrogatif précisément. Pour ce faire, prenons deux exemples :

1) la question de la Révolution Française
2) la question du progrès de l'Histoire

Ces deux questions, aussi générales soient-elles, diffèrent sur un point essentiel. Dans la question 2), c'est le fait lui-même qui peut être mis en cause. Elle contient en réalité deux questions distinctes : a) y a-t-il un progrès dans l'Histoire ; b) si oui, vu que ce n'est plus en question, quelle en est la raison ?

Si l'on envisage cette question 2) avec des yeux aussi naïfs et « scientifiques » que possible, on est obligé de reconnaître que rien n'indique s'il faut la lire selon a) ou selon b). Il n'en va pas de même avec la première question, car personne ne doute véritablement qu'il y ait eu une Révolution Française. Mais même dans ce cas, on sait bien qu'on ne pourra pas expliquer la Révolution sans en quelque façon la redécrire et la requalifier, c'est-à-dire sans interroger le fait lui-même, aussi hors-question semblera-t-il. Une explication par la lutte des classes, par exemple, la fera débuter avec la réaction aristocratique contre Louis XVI qui veut taxer les nobles ; une explication comme celle de

Tocqueville verra davantage les débuts de la Révolution dans la centralisation de l'État qui a commencé plus d'un siècle auparavant, ce qui prouve bien que l'explication et la qualification qui décrit les faits ou les phénomènes sont étroitement liées.

Quelle est alors la structure générale de l'interrogation scientifique, qu'elle soit observation, expérimentation ou raisonnement appliqué aux faits ?

Partons d'une question comme celle de la Révolution Française. Le fait que l'on interroge au départ peut être symbolisé par la lettre A. Ce que l'on demande en est l'explication B, et qui, ici, décrit A comme une révolution, c'est-à-dire comme l'accession au pouvoir par une classe, effectuée de manière violente. Pour que l'on puisse admettre B comme explication redescriptive des faits de A, il faut l'interroger, la problématiser : B ou non-B ? On va alors recourir à C, et cela jusqu'au moment où l'on tombe sur D, E, F, G étant l'explication « finale » admise par ailleurs et qui ainsi « vérifie » toute la chaîne antérieure A, B, C, D, E et F.

Lorsqu'on passe de A à B, on cherche à exclure la possibilité que B entraîne non-A et A à la fois, ce qui rendrait B non explicatif, l'alternative étant reconduite. Mais on ne veut pas non plus que non-B puisse rendre compte de A comme B. Prenons un exemple : la religion protestante, selon Weber, a été le facteur moteur de la naissance du capitalisme : B, donc A. A-t-on expliqué la naissance du capitalisme pour autant ? Il suffit de penser à la Flandre et à l'Italie, qui ont connu un développement capitaliste prodigieux à la Renaissance tout en restant catholiques, pour se convaincre que non-B (l'absence du protestantisme) peut *aussi* se produire avec A.

Comment procède alors le scientifique quand il se heurte à des résultats négatifs de ce que Popper a appelé le critère de falsifiabilité, qui consiste à tester les alternatives susceptibles de réfuter une explication donnée ? Il peut les abandonner. Mais dans l'exemple de Weber, ce serait une erreur de stratégie, dans la mesure où l'ascèse protestante a effectivement engendré un esprit d'économie nécessaire à l'accumulation capitaliste. Donc, il faut trouver un autre facteur qui intègre B et A, rendant compte des cas où non-B voisine avec A. C'est l'explication en profondeur : en l'occurrence ici, la réponse est le centralisme étatique. Plus un monarque se veut fort, plus les forces centrifuges de l'ordre féodal sur lequel il prétend régner en maître absolu vont devoir contester le monarque par une idéologie les légitimant, et ce sera là le rôle que jouera le protestantisme, chez les princes notamment. Avec la libération de ces forces centrifuges, l'individu pourra s'affirmer. Mais en Flandre comme en Italie, les villes sont davantage « libres » à l'égard d'un pouvoir central parfois contradictoire : le pape ne voulait pas d'une Italie forte et unie, sous la coupe d'un seul pouvoir qui eût menacé le sien. Il valait mieux que les villes se développent et s'affrontent. En Flandre, le suzerain était-il le Roi de France ou le Saint-Empereur Germanique ? Là aussi, les villes ont connu un grand essor, et les pouvoirs urbains, multiples, fruits des couches commerçantes aisées, n'ont pas eu à devenir protestants pour affirmer leur autonomie relative.

On a donc C qui dit quand B implique A et quand on a non-B malgré tout. La science cherche donc à tester des alternatives, qui sont des questions ; si on a B et non-B à la fois, la question reste pendante au lieu d'être « résolue », et l'on doit alors intégrer les facteurs problématiques si on ne veut pas les abandonner. C'est là ce que l'on appellera la *complexification*.

En réalité, cet ordonnancement engendre une plus grande simplicité car, pour valider une explication B, il faut de toute façon chercher si elle n'explique pas autre chose que le fait A pour lequel on l'a conçue au départ. On va vers d'autres faits, que les théories existantes, par exemple, n'expliquaient pas. On a alors une théorie plus forte, grâce à la complexification, mais aussi plus simple, car on intègre les faits dont rendait compte la théorie antérieure en plus de ceux qu'elle n'explique pas.

La science questionne le réel. Mais pourquoi le réel ne peut-il se donner qu'en étant interrogé ? Les philosophes ne nous ont-ils pas dit que l'on avait une réceptivité, une intuition, un rapport immédiat aux choses, aux faits, aux phénomènes ? N'est-ce pas dans une telle conception de la réalité qu'il faut voir la source du divorce entre science et philosophie ? L'expérience est-elle vraiment de l'ordre du donné et de la lecture immanente que l'esprit humain peut en avoir en se penchant sur ses structures a priori ? L'expérience est avant tout une façon de résoudre les questions, de trancher les alternatives, comme les mathématiques servent à rapporter les variables les unes aux autres, par des catégorisations de leur champ (ou ensemble) d'application. Une fois les valeurs variables délimitées, on peut demander si oui ou non telle propriété (ou valeur) prévaut, et l'on rentre alors dans le domaine des question alternatives, propositionnelles, que l'expérience vise à résoudre.

LA QUESTION DE LA RÉALITÉ
OU LA RÉALITÉ COMME QUESTION

La réalité est ce qui pose problème et on y répond en l'interrogeant. Elle est le X qui perdure malgré et au fur et à mesure que l'on répond, comme si chaque réponse recelait une nouvelle question, ce qui représente une dynamique, que nous n'arrêtons pas d'interroger et par là, d'exprimer. Ce n'est pas que le réel soit opaque ou, pour utiliser un langage moins psychologique, qu'il existerait en soi, mais c'est que le réel est toujours ce sur *quoi* nous nous heurtons, *ce que* nous affrontons, un *que* et un *ce que* qui nous renvoient aux questions qu'il soulève de façon incessante alors même que nous pensions les avoir résolues.

Pourquoi concevoir la réalité comme un X? N'est-ce pas contraire au bon sens commun de chacun, qui la voit comme évidente et ne posant pas problème, sinon, précisément, pour des hommes ignares ou fous, ou alors pour des savants qui veulent aller *au-delà*? Et parler de X, n'est-ce pas ressusciter le vieux démon de la « chose en soi », inconnaissable et inaccessible selon Kant?

Pour quelle raison parler alors du réel comme d'un X? Il est pour nous ce qui n'est pas nous : nous le concevons comme ce qui est différent, une différence qui est perceptible à l'intérieur de nos repères, de nos concepts, de nos idées. C'est ce qui les déborde, comme un excédent. Le réel est un X, non parce qu'il serait l'Inconnaissable de Kant, mais

simplement parce qu'il est ce qui est irréductible à ce que
nous avons sous la main ; il est donc *par définition*, par
nature, l'extériorité, ce qui est à l'intérieur de nos pensées
pensable comme ce qui ne s'y réduit pas ; la transcendance
est donc toujours réaliste, parce que la réalité ne se laisse
concevoir que comme ce qui n'est pas de l'ordre du
concevoir. Le réel est le problème de ce qui fait problème,
et concevoir le réel comme problème est donc adéquat à
ce qu'il est. Cela pourra sembler surprenant si on assimile
le problème à une réaction humaine, à un processus de
pensée où se posent des questions, et si on le ramène donc
à une subjectivité. Si la réalité *est* problème, c'est parce
qu'elle est dans toutes nos réponses *ce* dont il est *question*.
C'est elle qui suscite les questions et s'en faire l'écho,
c'est y répondre. Démarche qui est aussi une réalité. On
objectera sans doute à cette vision le fait que le sens
commun voit le réel comme ce qui ne pose pas problème :
la table, la chaise, la chaleur du soleil, l'amertume du café,
Chirac président de la République, c'est le réel. Où est le
problème dans tout cela ? C'est quoi une table, par exemple ?
C'est quelque chose *qui* a quatre pieds, *ce qui* est…, etc.
Toutes ces clauses relatives de *qui*, de *quoi*, de *où*, de
quand, etc. renvoient à des questions résolues qui, à ce
titre, ne se posent plus. La réalité est ce qui est de l'ordre
des réponses qui ne posent plus question, puisqu'elles sont
résolues, que le problématique s'est estompé de ce fait
même. Dès lors, le réel, situé en dehors des questions qui
ont présidé aux réponses qui le déterminent, a avalé les
unes et les autres, pour ne plus laisser apparaître qu'une
réalité autonome et indépendante de toute réponse comme
de toute question. Mais pour qu'il en soit ainsi, il a bien
fallu les résoudre.

Ces questions sont enfouies dans le réel où elles se résolvent. Mais le réel n'a pu être tel que par résolution. Le sens commun part du résultat sans percevoir d'où il résulte : tout va de soi. Et longtemps, la philosophie a voulu fonder ces évidences dans des évidences plus premières encore, alors que le problème était ailleurs, précisément dans le problématologique.

La réalité n'est telle qu'en tant que questions résolues, qui disparaissent du même coup. Plus rien à voir, donc, avec des questions et des réponses. Les déterminations futures émergeront pourtant comme réponses à de nouvelles questions qui vont se poser au fil du temps. D'autres, on le sait, se borneront – et c'est le rôle de l'instruction – à retrouver les réponses déjà obtenues. Libérée des questions résolues qui la constituent telles, la réalité est riche de ces questions futures, autres, qui vont la nourrir, la compléter, faire saisir son évolution dont les questions nouvelles sont le signe et le reflet. La réalité est une réponse qui est le possible de bien des questions. Leur effectuation correspond à la mise en place de déterminations que les questions mettent à jour et dont les réponses sont le constat. Le réel est donc effectivité, ce que l'on capture par l'idée de dynamique résolutoire. Mais, pour éviter tout idéalisme, on parlera de la réalité comme la réponse qui refoule toute interrogativité, à laquelle elle est donc indifférente, ce qui la place en dehors du couple question-réponse et en consacre du même coup l'indépendance. Plus de X, mais sa résolution refoulée. L'interrogativité sera alors un effet possible, que la réalité libère par ce refoulement. En soi, elle est donc apocritique, parce que réponse, et problématologique, parce que soulevant a priori des problèmes. Ceux-ci ne sont pas forcément actualisés : il faut distinguer le problématologique du problématique. Faire problème n'est pas la même chose qu'être ce dont il est question : « Napoléon est le vainqueur d'Austerlitz » ne pose aucune question, mais il est néanmoins question de Napoléon dans une telle réponse, énoncée sans doute à l'issue de quelque question qui a dû, pour ce faire, surgir dans l'esprit de quelqu'un.

La réalité est, qu'on l'admette ou non, cette indétermination qui est au-delà des déterminations que nous avons déjà en notre possession. Elle est la multiplicité des questions possibles que nous n'avons pas encore abordées, maîtrisées, domptées de quelque façon, en les posant. La réalité résiste, déborde, se démarque de nos réponses comme ce qui y fait encore question et qui appelle encore de nouvelles réponses, quitte à revoir celles que l'on a déjà. Elle est riche des réponses aux questions que nous n'avons pas encore pu concevoir et qui se révéleront des déterminations insoupçonnées.

Pourtant, dira-t-on, le réel et le possible sont à distinguer, et encore faut-il y ajouter le nécessaire. Comment peut-on assimiler la réalité à des questions possibles qui ne se posent pas encore ? Là encore, le sens commun se présuppose comme norme du philosophe et le piège : le réel, ce sont les réponses, lesquelles, à ce titre, excluent les questions, donc le possible : exclure, c'est instaurer une nécessité. Le réel sera déterminé, voire déterministe, et il exclura nécessairement ce qui n'est pas exclusivement fait de réponses déjà obtenues. Le possible est nécessairement exclu du réel. D'où la différence entre nécessité, réalité, possibilité.

On est ainsi en pleine pétition de principe : le réel est ce qui est nécessairement réel. Qui en douterait ? Mais ce qui se glisse subrepticement derrière cette « évidence » est l'exclusion du possible de la réalité. La réalité étant pourtant riche de l'imprévisibilité des choses, comme eût dit Bergson, elle est irréductible à ce que nous affirmons d'elle, ce qui n'est qu'une infime partie du possible d'ailleurs. Le réel signifie la virtualité de bien des déterminations aussi imprévisibles que non contenues dans celles déjà acquises. Au fond, *la réalité est la solution qu'aucune réponse ne saurait résoudre une fois pour toutes mais auquel chaque problème répond toujours de quelque façon.*

L'expérience du scientifique n'est donc pas simplement une méthode de résolution, (ce qu'elle est, mais le philosophe ne l'a guère perçu par le passé, vu l'absence d'intérêt pour le questionnement comme tel) mais elle est surtout l'expression du caractère problématologique de la réalité : celle-ci est riche des questions qui ne se posent plus et de celles qui peuvent et vont surgir à un moment ou l'autre. Interroger « l'expérience » par l'observation et l'expérimentation, c'est répondre au problème du réel, le problématiser en tant qu'il devient problématique.

Si l'on y regarde bien, la réalité, malgré tout, a toujours été perçue comme associée à la problématicité, encore que non traitée comme telle étant donné l'obnubilation propositionnelle, occasionnée par le souci du seul répondre. Le réel est pourtant, pour le répondre, ce qui lui est étranger, ce qui lui résiste, ce qui est différent de lui ; bref, ce qui pose problème. Dans la physique du visible qui a dominé l'histoire des sciences jusqu'à la relativité, la réalité a été perçue comme ce qui s'éloigne ou se rapproche, ce qui résiste ou au contraire se liquéfie voire se désagrège, ce qui est solide ou non, bref, comme *corporéité*, ce qui nous oblige donc à composer, comme l'on s'accommode de ce qui nous échappe et fait obstacle (problème). Clairement, le réel s'est vu considéré et analysé en termes de mouvement et d'inertie, de force et d'accélération, qui font chaque fois de la réalité ce qui met la distance et déborde tout ce que nous pouvons capturer par la seule pensée, parce que ce n'est pas elle en fin de compte. Au fond, si l'on dénote la réalité par la lettre X, ce n'est pas pour « coller » à ce que les mathématiciens et les physiciens disent en général du monde physique depuis Descartes et surtout, Leibniz et Newton, car leur vision n'est, sur ce point, qu'un effet de cette Xité. Si l'on assimile le réel à un X, c'est parce qu'il est à *l'intérieur* du répondre ce qui lui est extérieur ; on le « maîtrise » donc comme ce qui est identifiable en tant que distinct, en tant que non identique : le réel, ou X, est résolu comme ce que la pensée ne résout pas ; aussi est-il pour elle un problème eu égard à ce qu'elle résout. En termes physiques et mathématiques, cela donne une physique du visible écrite en X.

Avec la science qui évolue, on va passer d'une physique du visible, macroscopique si l'on veut, donc centrée sur les possibilités du corps en général, à une physique de plus en plus abstraite et formelle, microphysique car irréductible au centrage humain, aux mouvements du corps. Les qualités qui faisaient l'objectivité des choses, comme l'espace et le temps, vont se modifier, voire s'estomper. En physique quantique, par exemple, on ne peut mesurer simultanément la position et la vitesse d'une particule : on ne peut la situer et l'identifier en propre, comme on le fait avec un objet visible. Est-ce à dire que les objets microphysiques n'existent pas, n'ont pas de réalité ? Si l'on s'en tient à la conception traditionnelle et classique – disons même mécaniste – de ce qui compte comme réalité, le monde de l'infiniment petit sera « irréel ». Ce qui est absurde.

Que se passe-t-il vraiment au niveau quantique[1], qui semble ainsi bousculer les schèmes de pensée apparemment les mieux établis ?

On a l'habitude de dire que plus on mesure avec précision la vitesse des particules, plus leur position est incertaine, et seulement déterminable selon le calcul des probabilités, et réciproquement si l'on s'attelle à la vitesse. À cela s'ajoute le fait que les particules ont dans certains cas un comportement ondulatoire, ou l'inverse.

En fait, le nœud de l'affaire est précisément que l'on ne perçoit pas bien l'irruption du problématologique en science, car le réel n'a été conçu que par les réponses auxquelles il donnait lieu. Prenons un exemple classique de difficulté en physique quantique, tel qu'il est décrit par David Albert[2]. On s'interroge sur deux attributs de particules : la solidité et la couleur. On a une boîte qui permet, par deux canaux distincts, de séparer les électrons noirs et blancs, et une autre boîte qui marque ceux qui sont solides et ceux qui ne le sont pas. Cinquante pour cent des électrons vont sortir de chaque boîte blancs ou noirs, solides ou non. Jusque-là, rien de surprenant. On peut même « nourrir » la boîte qui répond sur la couleur avec des électrons solides et des électrons malléables, et l'on aura encore une répartition cinquante/cinquante : les deux questions, ou propriétés, ne sont donc pas corrélées.

Là où les choses se compliquent, dit Albert, c'est quand on opère par exemple avec trois boîtes : couleur-solidité-couleur, par exemple. Un électron qui sort blanc de la

---

1. Pour le lecteur intéressé par une excellente introduction sur cette question, on ne peut que le renvoyer à l'admirable livre d'Étienne Klein, *La Physique quantique*, Paris, Flammarion, 1996.

2. D. Albert, *Quantum Mechanics and Experience*, Cambridge, Harvard University Press, 1992, p. 3-4.

première boîte pour rentrer dans l'autre qui détermine sa solidité va émerger, à cinquante pour cent, malléable (*soft*), avant d'être inséré dans la troisième boîte, qui teste la couleur. Il est non dur et blanc à l'entrée. On devrait s'attendre à ce qu'il sorte avec la même couleur qu'au départ. En fait, on observe que cinquante pour cent de ces électrons sortent blancs et l'autre moitié, noirs, comme si une propriété comme la texture des électrons avait agi au passage sur la couleur. La mesure, comme on dit, affecterait-elle ce qui est mesuré ? On se retrouve face au principe d'incertitude de Heisenberg concernant la position et la vitesse, car on peut procéder inversement et tester la question de la texture en jouant cette fois avec une boîte intermédiaire qui répond sur la couleur.

En fait, c'est comme si une propriété, une réponse (noire ou blanche par exemple) laissait ouverte la *question* (indépendante) de la texture, mais vue en termes de réponse et de positivité, cette situation oblige à dire que la particule colorée n'est ni dure, ni malléable. Ce qui est absurde, du moins comme réponse. D'ailleurs, une fois que l'on pose *effectivement* la question, elle a *une* réponse bien précise. Écoutons ce qu'en dit David Albert [1] : « Nous savons, grâce à l'expérience, que les électrons sortent par l'ouverture réservée aux particules dures d'une boîte où l'on teste la dureté si et seulement si ils y sont entrés comme particules dures [...]. De même pour ceux qui sont malléables. Maintenant, quand on insère un électron *blanc* dans cette même boîte qui questionne la dureté ou la malléabilité des particules, il n'émerge invariablement ni de l'entrée "dure", ni de l'entrée des "malléables", ni des deux, ni d'aucune. De là, il découle qu'un électron de couleur blanche ne peut

---

1. D. Albert, *Quantum Mechanics and Experience*, op. cit., p. 15.

être ni dur, ni malléable, ni les deux (en quelque façon), ni aucun des deux. Dire qu'un électron est de couleur blanche signifie exactement qu'il est dans un état de *superposition* des propriétés de dureté et de malléabilité. » La superposition est donc un état problématologique. La mesure équivaut à l'acte de poser la question ; une réponse dur/malléable va émerger, mais tant que la question n'est pas effectivement posée au système, l'incertitude prévaut et antérieurement à cette quête d'une réponse, on a des « résultats » troublants en termes de réponses. Poser une question B ou non-B est d'ailleurs une réponse pour le système en question, et cela le modifie, à l'inverse de ce qui se passe dans le monde macroscopique où les questions que l'on pose n'altèrent pas les réponses à d'autres questions dont la réponse est indépendante.

Si l'on conçoit le réel problématologiquement, comme nous le recommandons ici, alors on peut affirmer qu'une détermination (une réponse) B, implique non pas A (ou non-A), dont elle est distincte et indépendante dans son contenu, mais la *question* A ou non-A. Avoir B signifie que l'on a A comme question, et avoir A signifie que c'est B qui devient un problème, avec ses alternatives plus ou moins probables. Poser la question A n'est pas indépendant de la *question* B, ce qui implique que la *réponse* A a pour conséquence que l'on n'ait à ce stade ni B, ni non-B, ni aucun des deux, ni a fortiori les deux. Bref, répondre A, c'est lui associer une autre question B, alors même que A et B sont, en tant que réponses, sans lien intrinsèque. Soulever une question fait partie des réponses du système : obtenir une réponse A, c'*est* demander B, avoir donc, comme dit Werner Heisenberg, une réponse *en puissance* (*potentia*), mais comme demander *n'est pas* répondre, leur différence devient celle de A et de B. C'est d'ailleurs aussi ce que recouvre l'équation la plus fondamentale de la mécanique quantique : l'équation de Schrödinger. Elle exprime les possibilités, les questions, donc les alternatives A ou non-A : la mesure réduit l'alternative à un seul de ses termes, donc à une réponse. La fonction d'ondes sera séparée en discontinuités observables, on aura alors non plus un mouvement ondulatoire mais des entités discrètes, séparées, ayant telles et telles propriétés identifiables après coup ; mesurer, c'est répondre, et c'est faire évoluer le système [1]. Écoutons Étienne Klein : « La mesure a en quelque sorte obligé [la particule] à prendre position au sens propre comme au sens figuré : tous les possibles qui s'offraient à elle se sont brutalement anéantis sauf un [2]. » La fonction de Schrödinger exprime la situation avant la réponse, puisqu'elle « renferme toutes les potentialités du système, dont une seule s'actualise lors d'une expérience donnée ». Comme le précise Schrödinger lui-même, « mon petit système dispose donc d'une réponse toute prête pour chacune des questions, qu'elle concerne [la position] ou [la vitesse], afin d'être prêt quelle que soit la question qu'on lui pose directement en premier […]. Il en a également une pour des milliers d'autres questions, sans qu'il me soit possible de savoir quel moyen mnémotechnique il utilise pour cela. »

Voilà donc une nouvelle manière de concevoir la réalité, qui semble n'avoir plus rien à voir avec ce que le sens commun entend habituellement. Mais c'est oublier que les réponses renvoient aux questions, et même si celles-ci ont su se faire oublier une fois qu'elles ont trouvé solution,

---

1. E. Schrödinger, *Physique quantique et Représentation du monde*, Paris, Points-Seuil, 1992, p. 129.

2. Ét. Klein, *La Physique quantique*, *op. cit.*, p. 55.

il faut bien saisir que les termes du réel sont des *réponses*. Une table, c'est ce qui est tel et tel, comme Napoléon est celui *qui* a épousé Joséphine, *laquelle* est…, etc. On résume toutes ces questions résolues par des termes, des concepts, mais il ne faut pas perdre de vue que ce qu'est Napoléon, par exemple, nous est donné par un ensemble de réponses qui sont ses déterminations, voire ses réponses à lui, ses propres résolutions à des moments différents (il est l'homme *qui* a fait le 18 Brumaire, *qui* a épousé Joséphine, *qui* a livré bataille ici ou là, *où*…, etc.). Ce sont des questions qui ne sont pas forcément les nôtres, mais qui furent en tout cas les siennes et, à ce titre, qui le déterminèrent. Dans le cas de la table, que nous construisons, ce sont nos problèmes qui sont déterminants, et en science, ceux-ci nous ouvrent aux déterminations des choses, ce que les réponses nous font découvrir au fur et à mesure que nous les découvrons.

La réalité, alors, qu'est-ce que c'est au juste ? Une effectivité (en allemand : *Wirklichkeit* ou réalité, précisément ; *wirken* : qui agit, qui produit des effets). Le réel a en lui une pluralité d'effets possibles, et ce possible est plus ou moins probable. Le probable mesure l'interactivité, le relationnel selon ses possibilités diverses. Le réel pose un ensemble de questions qui vont surgir selon une dynamique propre, lorsqu'on y prête attention, on voit cela clairement, au niveau du quotidien : un livre, c'*est* un éditeur ; c'*est* un auteur ; c'*est* (éventuellement) une histoire, c'*est* un moment et un lieu ; etc. Autant de déterminations qui répondent à de multiples questions et *font* être (*ce qu*'est) un livre, sa réalité si l'on veut. Et comme en physique quantique, c'est en posant la question si oui ou non…, que l'on obtient une réponse déterminée, au lieu d'avoir un faisceau de propriétés plus ou moins

probables comme celles évoquées ici. Ces propriétés sont
réduites à celle qui émerge du fait de la question qui seule
est posée effectivement. Mais la réalité contient a priori,
de façon indéterminée, toutes ces réponses, qui renvoient
souvent à des questions qui ne sont pas encore imaginées
ou probables au moment *t*. Cela fait partie de l'effectivité
du réel d'amener certaines questions au jour, que les
hommes s'y attachent et les expriment ou non. La réalité
du monde physique, qu'on l'ait conçue à partir des sens
ou de la mathématisation d'ailleurs, reposait, jusqu'à
l'avènement de la physique quantique en tout cas, sur des
réponses reflétant un monde constitué dont ces réponses
étaient la représentation, sans voir qu'elles-mêmes
agrandissent, par leurs concepts, les relations entre
« choses », avalant ainsi les perturbations comme autant
de petites erreurs ou de différences inessentielles, n'altérant
pas les relations d'ensemble. Mais surtout, les réponses
ne renvoyaient à rien d'autre qu'à elles-mêmes, ce qui ne
nécessitait donc pas de concevoir la réalité à partir d'elles,
avec un devenir qui apporterait ces réponses. Comme ces
« réponses » ne répondent à rien d'autre qu'à leur soi-disant
nécessité, et non à une interrogativité qui leur donne sens,
il faut bien les ramener à un autre principe producteur, qui
sera le sujet (Kant). L'interrogativité de la nature ne lui
sera pas propre, le fait qu'*elle* apporte des réponses sera
exprimé par un X qui résulte du caractère inconnaissable
de ce que ne produit pas le sujet. Parler de questions, ce
sera, quand on le fait, parler d'une activité subjective et
non de la juste manière de dire le réel. D'où la césure entre
le monde macrophysique et celui que l'on décrit le mieux
en faisant appel à des relations de type problématologique,
avec des alternatives, ce qui semble incompréhensible
selon les termes et les concepts de la physique classique,

qui elle aussi répond cependant, grâce à quoi on va pouvoir établir une passerelle entre eux.

L'unité et la continuité de notre compréhension du monde, quelle que soit l'échelle, dépend d'une approche où le réel apporte des réponses à des problèmes qu'il suscite (pour nous) et dont les réponses *sont* ses déterminations mêmes. L'effectivité du réel, ce sont toutes ces réponses qu'il contient a priori, qui sont actualisables, inconnues pour l'heure, ou dont la question n'a pas été tranchée encore par l'observation ou l'expérience. C'est en cela que toute réalité, physique ou non d'ailleurs, a une histoire : son effectivité réside dans les déterminations qui vont être produites au fur et à mesure de son histoire, non comme Histoire, mais comme développement, interne ou non, comme ensemble d'effets propres à sa « nature ». En concevant la réalité à partir de l'interrogativité, on découvre qu'il n'y a pas de rupture intrinsèque entre le réel, tel qu'on le connaît dans la vie quotidienne, où les réponses se solidifient à l'image de ce réel, et le réel de la science microphysique par exemple, malgré les différences qui bien évidemment les caractérisent en propre. Un livre par exemple, c'*est* un auteur, c'*est* un tissu narratif ou une histoire, etc. : ce *sont* autant de questions contenues en lui a priori qui font sa réalité, comme d'autres « propriétés » viendront échoir aux « particules élémentaires ». On n'est simplement pas habitués à concevoir un livre autrement que par rapport aux propriétés solidifiées, indépendantes les unes des autres, qui le font être tel à nos yeux, alors qu'elles sont multiples, historiques, et relèvent de questions aux réponses parfois contradictoires au stade interrogatif (puisque celui-ci renvoie à une pluralité de possibles qui peuvent s'exclure). Le monde des choses, que décrit la macrophysique, se caractérise par le fait que les questions n'affectent pas les réponses, et du même coup, les concepts-propriétés de *cela* dont il est question ne modifient pas ce *cela*. À l'inverse du monde microphysique, où l'interrogation du réel ne se superpose pas à celui-ci mais l'affecte, de telle sorte que l'interroger est déjà répondre sur lui, et que l'interrogativité fait partie de la réponse et la conditionne : il faut donc l'inclure dans la description scientifique. N'est-ce pas ce que stipule le « principe d'indétermination » de Heisenberg ? L'indépendance des objets dans la physique du visible est un phénomène de taille, le poids de l'interaction étant alors (ou non) affaibli (ou non), compensé, par d'autres facteurs. Intégrer l'alternative dans la réponse avant l'effectuation résolutoire (la dualité onde-particule avant la « réduction du paquet d'ondes », qui tranche ainsi l'alternative) est le propre de la Nouvelle Physique et partant, de ce qui fait notre compréhension de l'univers. Tant qu'on a conçu le réel à partir de la substance et de l'objet posé à part, pour lui-même, les effets – donc l'effectivité – ont dû venir d'ailleurs, de *forces* qui étaient encore d'autres objets et d'autres substances. C'était l'ère du mécanisme. Les présupposés philosophiques de cette façon de voir sont encore ceux professés par de nombreux philosophes. À la base, il s'agit d'une certaine conception du sujet, de tout sujet, humain ou matériel, qui est nourrie par l'idée classique que l'on se fait de la substantialité, même si l'homme est considéré comme une « substance » particulière, « avec une âme » comme l'on dit. Toute modification interne de la vie intérieure de la conscience est encore un acte effectué par la conscience, imperturbable et s'auto-confirmant comme telle. Le principe d'inertie envahit la réflexivité comme il règne en maître sur la matière. Mais il y a plus. Le sujet est défini par sa réflexivité et sa conscience, et effectuant l'un ou l'autre acte de conscience, il reste en quelque sorte enfermé en elle, ce qui ne peut altérer ce qui n'est pas elle. Cette indépendance des substances, en tant que rapport général de la chose à la chose, s'exprime à travers la réification de l'espace et du temps qui sont posés à part du sujet, consacrant la juxtaposition des uns et des autres. Les rapports entre les « substances » maintiennent ainsi leur identité, et la physique du visible confirme le rôle du corps comme lieu équidistant de la perception, ce qui permet de rétablir l'identité des choses qui s'éloignent ou se rapprochent, que l'on touche ou que l'on sent ou voit, dans une continuité que vérifiera une conception de l'espace et du temps de plus en plus formelle, au fur et à mesure que le sujet se verra dépossédé de l'assurance subjective à l'égard du monde qui l'enserre. Les catégories de cette physique du visible sont les qualités premières des choses, comme la solidité, le mouvement et la figure, et elles exigent en dernière analyse un espace et un temps propres (absolus), eux-mêmes invariants car sources de toute variation dans la texture et l'apparence des êtres et des choses. L'identité, donc le repérage référentiel, est identité spatio-temporelle ; l'espace et le temps ne pouvant être eux-mêmes des objets soumis à la causalité du mouvement et de la distance, ils se sont vus ramenés au sujet, à sa réceptivité propre (Kant). Un cadre de référence, ne l'oublions pas, définit un ensemble de questions que l'on peut résoudre. Il est d'ailleurs choisi en fonction de problèmes qu'on s'est assignés.

Ainsi, l'espace et le temps sont eux aussi des modes d'interrogation, car ils visent à fixer et à repérer ; ils ne sont ni « dans » le sujet, ni dans l'objet, comme attribut, ni même ne sont-ils l'espace du relationnel qui gouverne attributs et choses (Leibniz). À moins de ramener l'interrogativité des choses à une substantialité, qui la sous-tend et à laquelle elle devrait aboutir. Quitte, alors, à ne plus rien comprendre à la physique quantique et à tous les développements majeurs de la science contemporaine, qui, dès la Relativité, ont ébranlé l'affirmation du caractère immuable de l'espace et du temps.

Quant à la conception sous-jacente du sujet, elle consacre la distance, l'indépendance à l'égard de l'objet sur laquelle le sujet n'a pas de prise physique, spatio-temporelle, par son seul pouvoir de connaissance. La mesure permet de combler par l'esprit le fossé d'avec le réel, mais ne le modifie pas : l'interaction, lointaine, est idéelle et théorique. La masse macroscopique des choses, leur solidité, leur distance, font en sorte qu'il n'y a pas perturbation quand telle ou telle propriété B affecte un objet avec ses propriétés A, comme la couleur qui change ne modifie pas le poids par exemple, ou si faiblement que cela en demeure imperceptible. La subjectivité, d'où tout part et où tout s'enracine depuis Descartes, est le modèle de cette imperturbabilité qui, on l'a dit, confirme son identité. Ainsi, prendre conscience que l'on avait un instant plus tôt conscience de ceci ou de cela, ne change rien à cette conscience première, ni au ceci ou au cela qui en était l'objet. Le sujet n'ajoute rien aux effets du monde vis-à-vis desquels il se tient, littéralement, à distance ; il en est un élément qui, par son indépendance, vérifie a priori la stabilité des objets, leur inaltérabilité en tant qu'identité, à tout le moins conceptuelle. La conscience qui se retourne sur elle-même se découvre telle qu'elle est et rien n'a véritablement changé derrière l'apparente succession, voire le déplacement que l'espace et le temps, quand il s'agit d'entités concrètes, vérifient comme identiques sur toute trajectoire et toute mutation éventuelle. La continuité deviendra le contrepoids de la variabilité, celle qui se manifeste par la multiplication des prédicats, fussent-ils « subjectifs » comme la chaleur ou la coloration.

La physique du visible est ainsi une physique du sujet, des sujets, de la substantialité. Le déterminisme qui y règne repose en réalité sur des découpes, des catégories, qui grossissent les identités et les stabilités, avalant les différences qu'elles rendent non significatives dans les perturbations qu'elles occasionnent. Un exemple : on parlera des corps qui subissent la gravitation, et du même coup, on globalisera des différences qui deviennent inessentielles, comme la couleur ou leur température. Un corps solide, liquide, vivant ou inanimé : peu importe. Autre exemple connu de tous : l'horizon à notre échelle forme une droite, ce qui a longtemps fait penser que la terre était plate, mais si on s'abstrait de soi-même, cette droite n'est qu'une partie peu inclinée d'une immense courbe qui est la surface de la terre. Dans le monde des choses, qui est le nôtre quotidiennement, la lumière et l'électricité sont bien évidemment distinctes (rappelons que la lumière s'explique en termes de vibrations d'un champ électromagnétique), ce sont des objets ou des phénomènes qui, du point de vue macroscopique, ont des apparences séparées. Le rapport du « macro » au « micro » qui le sous-tend doit cependant être mis en évidence : de loin, un lac donne l'image d'une surface plane ; de près, on voit le jeu des ondes qui se propagent, et les qualités, ou propriétés, qui avalaient les différences du fait de la distance deviennent relatives, voire inadéquates (l'impénétrabilité, le rapport à la lumière, la stabilité, etc.). Avec une telle indifférenciation, les concepts retenus entretiennent forcément des relations stables, ce qui permet d'annuler les propriétés qui segmentent ces concepts et qui pourraient altérer les relations déterminées et déterministes, en tout cas, instaurer des nuances, des petites « erreurs » de calcul, qui se révéleront d'ailleurs plus tard. La stabilité du monde macrophysique repose sur des concepts pareils. Il est évident que la solidité et la résistance des choses qui, de Locke à Heidegger, ont défini la réalité du réel extérieur à l'homme, sont relatives à la faible force de ce dernier, si l'on peut dire, une force relative puisque des machines sophistiquées peuvent l'augmenter. Le réel devient alors plus liquide, le solide, plus mou, la matière plus friable, et l'unité indifférenciée des choses se révèle alors composée de particules ayant une sorte de « vie » propre, avec des lois spécifiques qui ne relèvent plus de cette physique du visible née des prolongements de notre action possible et que l'on a appelée, avec Merleau-Ponty, les *schémas corporels*.

Dans la physique du visible, on peut modifier certains facteurs, mais le résultat, à ce niveau, est tellement infinitésimal qu'il en devient négligeable. L'interaction est faible, la perturbation, quasi nulle, et le déterminisme semble entier. Kojève, dans l'*Idée du déterminisme*[1], a bien décrit le principe de la macrophysique : A_1 entraîne B, et si l'on a A_2, on va ranger A_2 dans la même catégorie que A_1, étant donné qu'on retrouve B, en gommant leur différence par un concept englobant A_1 et A_2, A par exemple.

Ainsi, on peut également considérer l'espace et le temps comme eux-mêmes immuables et infiniment homogènes, comme on le fait lorsqu'on utilise une montre par exemple, sans que cela pose réellement difficulté, même si l'on sait

---

1. A. Kojève, *Idée du déterminisme*, Paris, Le Livre de Poche, 1990, p. 70.

bien qu'ils peuvent être interrogés à leur tour par rapport à un autre système qui les rend *relatifs*.

Plus on se déplace du macrophysique vers le microphysique, plus la perturbation altère les qualités, les problématise, parfois du simple fait de l'observation et de la mesure.

Tout cela pose la question de la réalité et de ses composants ; c'est la question de l'ontologie minimale ou du minimum d'ontologie qu'il faut avoir, pour faire sens du sens commun et de la science, de la réalité macrophysique et de celle aux propriétés « bizarres » de la microphysique, afin de dégager une unité du réel par-delà toutes les découpes multiples qu'on lui fait subir pour mieux s'y mouvoir ou le comprendre.

POUR UNE ONTOLOGIE MINIMALE :
LES FAITS, LES CHOSES
ET LEUR CATÉGORISATION

La question qui est posée est la suivante : comment faut-il concevoir le questionné pour que la question de ce qu'il est trouve réponse ? Que détermine-t-on lorsqu'on répond sur ce que l'on questionne ? Quelle est la réalité où s'enracinent nos interrogations ? À quoi se réfère-t-on quand on se pose des questions ?

Restons, pour l'instant, au niveau du « monde », même si l'on sait bien qu'il y a quelqu'un qui questionne – le Soi – et quelqu'un qu'on interroge – en général Autrui – sur quelque chose. Qu'entend-on au juste par « *quelque chose* » ?

Pour répondre à toutes ces questions, reprenons notre double exemple : la question de la Révolution Française et la question du progrès de l'Histoire. On s'interroge sur *quelque chose*, qui est donc en question, mais qui est aussi, surtout, dans le cas de la Révolution Française, hors-question. Elle s'est produite, et l'on sait en gros ce dont il s'agit. Dans le cas du progrès de l'Histoire, le fait lui-même peut être encore douteux ; d'où la double lecture, qui consiste d'abord à interroger si le fait d'un tel progrès est avéré, et ensuite, ce qui fait un tel progrès. Bref, le fait est plus ou moins problématique, et il est à la fois établi, à un moment ou à un autre.

Les faits ont donc une partie non problématique en eux qui en assure la factualité alors même qu'on les interroge. On appelle cette « partie » du fait qui est hors-question la chose.

S'interroger sur un fait, c'est prendre à un niveau global des relations entre éléments qui eux-mêmes échappent à l'interrogation qui les indifférencie. On parle de la Révolution Française, ou de la lumière, pour prendre un autre exemple, sans les décomposer en éléments, ou en choses, qui tissent en profondeur la trame des faits. On peut ainsi parler de la chaleur sans se soucier des échanges d'énergie, ou de la lumière sans avoir à remonter jusqu'aux longueurs d'onde, donc aux particules qui y sont soumises.

Lorsqu'on s'interroge sur un fait, on en demande la raison, et du même coup, ce sont les choses qui se trouvent expliquées. « Napoléon est le vainqueur d'Austerlitz » : ce fait est objet de questionnement, donc, on en demande la raison. C'est *sur* ce fait que porte la question, et la réponse va devoir en rendre compte : deux réponses seront reliées de la sorte. Du même coup, on va expliquer ce qui fait que Napoléon est ce qu'il est ; en tout cas, indirectement. Pour maintenir le caractère hors-question des individus, des entités dont il est question, la pensée a eu recours au concept d'*existence*. On dit que les « choses » *existent*, comme on dit que les faits se produisent. Quand on s'interroge sur les faits, dès lors qu'on ne spécifie pas une question particulière comme *où, quand*, etc., c'est qu'on cherche la raison du fait comme lorsqu'on questionne les choses, c'est de leur détermination qu'il s'agit. Mais en s'interrogeant sur les faits, la raison indique aussi indirectement le pourquoi des choses, en même temps qu'elle redécrit ces faits qu'elle réinterprète.

Problématologiquement, les faits et les choses doivent être distingués. Un fait nous est donné par des questions comme *où, quand, combien*, etc. « Où est Napoléon la veille de Waterloo ? » par exemple, renvoie à un fait, et plusieurs choses dont il est question font que, dans le fait, il est question, entre autres, de Napoléon. Maintenant, si l'on demande ce qu'est ou qui est Napoléon, la question porte sur l'entité elle-même – ce que nous avons appelé « la chose » – car la question « Qu'est-ce que X ? » se trouve mise en jeu et elle a pour fonction de déterminer la chose. Cette détermination est elle-même un fait, les choses étant toujours à l'intersection des faits, lesquels permettent ainsi de les caractériser.

S'interroger sur les choses, demander à leur tour ce qu'elles sont, est plus délicat, car dans la question qui porte sur tel ou tel fait, ce n'est plus tel ou tel X, comme *Napoléon* dans notre exemple, qui fait problème. On en sait assez sur ce qu'il est pour aller de l'avant et résoudre d'autres interrogations, plus ponctuelles, qui peuvent se poser. Lorsque ce sont ces choses-là qui posent question, il faut bien qu'il y ait aussi un hors-question sur lequel s'appuyer, comme les choses le sont lorsqu'on s'attache aux faits. Cet hors-question, propre à la choséité, est sa *détermination*. À la limite, si on s'interrogeait sur quelque chose de totalement indéterminé, on ne saurait même pas ce que l'on demande : on aurait affaire à l'ixité pure, donc à la demande elle-même. C'est peut-être là que commence la philosophie, quand, précisément, elle s'interroge sur l'interrogativité même. Mais dans la vie de tous les jours, on a toujours affaire à quelque chose de plus ou moins déterminé. Le concept que l'on utilise pour l'identifier est plus ou moins porteur de ce savoir préalable, de ces réponses déjà acquises sur lesquelles on ne revient pas. Parler de

Napoléon, c'est condenser un ensemble de déterminations que ce nom à lui seul résume et rappelle, en tout cas évoque pour une partie. On sait ainsi ce dont il est question, même si ce savoir lui-même n'est pas remis en question dans telle ou telle problématisation. Au contraire, il la rend possible. C'est en cela que l'Histoire et le réel coïncident.

Comme on ne peut tout se rappeler ni tout évoquer, il faut bien catégoriser le problème et regrouper les déterminations. C'est ce que fait d'ailleurs tout concept : le mot « *rouge* », par exemple, s'applique à bien des choses disparates, comme la tomate ou le sang. On ne fait pas la différence, parce que le concept indifférencie lui-même *ce qui* est rouge, et on n'en dresse pas le détail. Mais il y a plus : le concept « *rouge* » peut aussi bien tenir lieu de sujet que de prédicat, « la tomate est rouge » ou « le rouge est une belle couleur » en sont des exemples. On peut donc s'interroger sur le rouge comme demander la couleur de ceci ou de cela, et vérifier par là si ceci (ou cela) est rouge ou ne l'est pas. Distinguons donc x(R) de R(x), c'est-à-dire ce qu'est le rouge de ce qui est rouge. Pourquoi parler du rouge dans les deux cas ? Parce que le concept, sujet ou prédicat, a pour effet d'annuler les autres propriétés, donc les autres individus qu'elles définissent, rendant indistincts la tomate et le sang, donc le solide et le liquide, donc les pierres et l'eau, lesquels à leur tour sont…, bref, on peut continuer comme cela indéfiniment. Un concept, c'est toujours un ensemble de questions qui ne se posent plus, donc d'individus qui en sont tributaires, que l'on regroupe indifféremment comme X, et de réponses que l'on ne met plus sur la table, c'est-à-dire de traits et des propriétés diverses dont on fait l'économie. Le rouge est, tant que tel, le concept indifférencié de questions et de réponses qui peuvent être sollicitées ou posées, et qui le sont effectivement par l'usage.

Deux remarques s'imposent ici. La première consiste à constater que plus le rouge, par exemple, est problématique, plus on a x(R), alors que s'il ne l'est pas, on aura davantage R(x). La seconde remarque est qu'un concept s'autonomise davantage du fait d'une interrogation, renvoyant même à d'autres concepts pour déterminer les individus qui en relèvent, ce qui fait des concepts un système de renvois, un dictionnaire presque. Comme tout concept s'autonomise, il devient donc « abstrait » par rapport à un support éventuel, et a fortiori, à son support de base, afin qu'il serve à d'autres interrogations, où ce dont il est question par ce concept est indéterminé par nature, donc encore à déterminer. De cette abstraction est né le problème de la perception tel qu'on le connaît depuis Descartes et Locke. Peut-on percevoir du rouge ou seulement des individus, qui sont indifféremment ceci ou cela, attribut qui demeure forcément accidentel et donc inessentiel ? À côté de propriétés intrinsèques – les qualités premières – qui relèvent non de telle ou telle perception ou moment perceptif, mais qui appartiennent à l'objet et sans lesquelles il ne pourrait être ce qu'il est. Il n'empêche que la rose *est* rouge comme la lumière *est* une onde, ou que la température *est* de 20°. On perçoit d'ailleurs la rose rouge, la rose *en tant qu'*elle *est* rouge, et l'on n'abstrait pas, dans la perception, la rose du rouge, le *que* du *ce que*, ou comme dira Kant, ce qui vient des sens et ce que l'esprit y met pour que les sens mêmes fonctionnent. S'il y a une abstraction des concepts qui s'opère, elle a lieu dans la continuité d'une Histoire qui se prolonge par d'autres interrogations, où les concepts acquis voient leur usage déplacé et renouvelé par ces questions neuves, qui font, par exemple, que la rose seule n'est pas rouge, mais que le sang ou la tomate le sont également. Quant à ce que l'on perçoit, ce n'est pas le sang ni la tomate ni la rose simplement, car le rouge qui les singularise y est comme présent, concrètement et non abstraitement, de façon indifférenciée : on voit une rose (*qui* est) rouge, du sang (rouge), une tomate (rouge). Une propriété n'est ainsi jamais un ajout, et si différence il y a, c'est parce que des questions surgissent, se posent, se résolvent et renaissent.

C'est ce que Deleuze et Guattari n'ont pas bien perçu lorsque, dans *Qu'est-ce que la philosophie ?*, ils ont fait du concept une donnée primitive, ne renvoyant qu'à sa seule existence de fait. Ils vont même jusqu'à dire que « l'on ne gagnerait pas grand-chose en disant que la philosophie pose des "questions", puisque les questions sont seulement un mot pour désigner des problèmes irréductibles à ceux de la science. Comme les concepts ne sont pas propositionnels, ils ne peuvent pas renvoyer à des problèmes qui concerneraient les conditions en extensions de propositions assimilables à celles de la science. Si l'on tient quand même à traduire le concept philosophique en propositions, ce ne peut être que sous formes d'opinions plus ou moins vraisemblables, et sans valeur scientifique [1]. » Une telle affirmation sur le concept traduit bien plutôt la mécompréhension de ce qu'est un concept, comme de son origine qui tient à son rôle dans l'interrogation ; il ne s'agit pas de faire de la science le modèle pour toute réponse, même si elle a pu servir d'idéal pour la proposition, c'est-à-dire pour un répondre qui s'ignore comme tel, dans son rapport à un originaire interrogatif. N'oublions jamais pourquoi Socrate a toujours été considéré comme le père de la philosophie : parce qu'il interrogeait et interrogeait sans cesse, non pour faire œuvre « d'extension scientifique »,

---

1. G. Deleuze, F. Guattari, *Qu'est-ce que la philosophie ?*, Paris, Minuit, 1991, p. 76.

mais pour faire vaciller les évidences qui servent à opprimer dès qu'elles s'incarnent en institutions, c'est-à-dire en juge, en général, en prêtre, ou en une prétendue « compétence » définie aujourd'hui de façon essentiellement bureaucratique : on parle des « compétences » de tel tribunal, ou du Président de la République, pour souligner non une réelle capacité mais les pouvoirs liés à la fonction. Philosopher, c'est questionner, et le concept est au service de ce questionnement, questionnement maintenant tourné vers lui-même. Le dilemme n'est plus celui de la science et de la croyance, mais de la philosophie authentique et du bavardage philosophique, comme eût dit Heidegger. On ne gagnera rien, et surtout, on ne comprendra guère la philosophie, à faire de celle-ci une simple création de concepts comme si celle-ci ne *répondait* à rien.

La philosophie a toujours questionné : l'étonnement en serait l'acte inaugural. Mais si sa pratique est bien questionnement radical, son problème n'était pas de théoriser celui-ci, mais au contraire de construire une rationalité qui exclut l'alternative, la contingence, une raison réduite et réductrice qui résout plus qu'elle ne questionne, parce qu'elle assimile le problématique au douteux et à l'incertain, sur lesquels on ne peut rien fonder ni s'appuyer. L'ordre rationnel qu'elle recherche sera alors fait d'absolus, substituts des dieux de l'Olympe, déchus par la démythologisation. La philosophie issue des Grecs est en perpétuel porte-à-faux, s'inscrivant dans le décalage du pratique, de *sa* pratique qui est interrogation radicale, et du théorique qui en est la négation. La raison à cela tient probablement à cette quête de vérité absolue, exclusive, nécessaire, dont on vient de parler et dont la science se voudra le porte-parole mais que la philosophie a voulu incarner et réaliser, malgré son argumentativité essentielle qui ne peut livrer que des conclusions problématiques, aussi fondamentales soient-elles.

Platon n'aimait guère la dialectique comme jeu de questions-réponses, qu'il pratiquait pourtant dans ses célèbres Dialogues, préférant l'assimiler au déploiement du vrai. Chez Aristote, l'interrogation n'est plus qu'un jeu pour sophistes en mal de manipulations, et rien ne fait plus horreur à Descartes que le problématique, qu'il considère comme identique au douteux. Et chez Kant, à côté des questions que l'on peut résoudre, grâce à l'intuition sensible, il y a celles insolubles, qui sont le propre de la métaphysique, et qu'il range lui aussi dans la Dialectique. Dans tous ces cas, c'est donc le répondre qui fait autorité et qui modèle l'idée que l'on se fait des questions, nécessairement subordonnées.

Il importe d'abandonner cette manière de voir, car elle néglige le fait que l'on ne peut répondre sans interroger, et le philosophe ne peut aller au fond des choses sans s'interroger sur ce qu'il fait en s'interrogeant. On ne peut sans arrêt être à la remorque de l'entendement commun et s'enraciner dans ses évidences, consacrer les opinions communes, pour remonter vers ce qui les rend possibles et prétendre ensuite s'en écarter pour pénétrer d'autres horizons. C'est oublier le tribut que l'on paie à son point de départ. Et, on l'a vu, le philosophe a toujours médité son interrogation et ce qui en assurait la spécificité, même si cela a été pour retomber, au bout du compte, sur la propositionnalité, idéal plus ou moins secret – ou avoué – d'un ordre adopté dès le départ, sans cependant y sacrifier vraiment, en tant que questionneur radical parfois malgré lui.

Le concept est et sera toujours subordonné à nos interrogations, qu'il les traduise ou les solde par un répondre. Catégoriser les problèmes, donc le problématique, est la première étape et les concepts naissent de celle-ci.

Qu'entend-on au juste par une *catégorie* ? Pour Aristote, les catégories sont les façons d'être, et lorsqu'on demande ce qu'est X, on veut dire par là que X peut être lieu, quantité, qualité, ou que sais-je encore. Sont-ce là autant d'êtres, de façons d'être quelque chose ou autant de choses ? On ne sait trop. C'est ce qui faisait dire à Aristote que l'essence des choses est à la fois l'une des dix catégories, qui en sont donc les attributs possibles, et que c'est seulement l'essence qui sous-tend toutes les manières d'identifier ce qui est. L'essence est à la fois le sujet absolu de tout discours comme de toute Raison, et un prédicat parmi d'autres permettant de savoir ce qu'est une chose, l'essence n'étant pas forcément ce qui est le plus informatif. Dire que Socrate est un homme – c'est son essence – ne le différenciera guère de Platon, qui l'est aussi.

Ne peut-on appréhender le fait catégoriel avec moins d'ambiguïté ? C'est en tout cas ce que Kant estimait. Pour lui, comme pour Aristote d'ailleurs, c'est l'objectivité de l'objet qui est en jeu : les catégories nous disent ce qui est. Et pour Kant, cela implique le jugement, la proposition, donc l'entendement (*Verstand*) qui en est la source subjective. Mais il y a là un mystère qui est à l'œuvre : Kant et Aristote ne s'accordent pas sur le nombre des catégories, et leur choix semble pour le moins arbitraire également.

Pour élucider ce mystère, il n'est pas sans intérêt de revenir au fond du problème et de préciser à quoi l'usage des catégories répond exactement. Il s'agit de savoir ce qu'est X, qui peut être bien des choses, sans être d'ailleurs forcément une chose (une substance). Sans une lecture de ce qu'est X, X ne peut que rester indéterminé, et comme c'est sa détermination qui est en question, on ne peut que tourner en rond : pour savoir ce qu'est X, il faut pouvoir l'interroger, mais pour le faire, il faut déjà avoir une idée de ce qu'il est. Catégoriser X, c'est donc avancer cette idée, mais comme il y a question, elle est une réponse qui perpétue et rend même possible l'interrogation : X est un lieu, un moment, une substance même, ou que sais-je encore. Grâce à cela, on sait ce qui est en question : la catégorie énonce la question précise qu'il faut résoudre. On sait de quel X il s'agit et on peut alors procéder à la résolution. Cela explique que les catégories s'expriment par les interrogatifs habituels, qui disent ce qu'est X : *qui* ou *quoi, où, quand, combien*. Il y a bien sûr d'autres questions, comme le *pourquoi*, le *comment* par exemple, mais ce sont là des questions dont la réponse est une proposition plutôt qu'un X. « *Quel* (*que* + le) X est ici ? », ou « *quand* vient-il ? » par exemple sont des interrogatifs qui se réfèrent à des individus-choses, à des individus-personnes, à des moments, tandis que les *pourquoi* se réfèrent à des réponses, qui peuvent bien évidemment porter à leur tour sur des choses. On pourrait sans doute mettre tous ces interrogatifs sur le même plan et faire du *pourquoi* une catégorie, où l'on cherche une réponse, comme pour le *quand*, on cherche un moment. Il faut alors ajouter le *comment* et le *pourquoi* au *qui/quoi*, au *quand*, au *où* et au *combien* pour avoir toutes les formes catégorielles possibles. Avec le propositionnalisme, issu d'ailleurs de la pensée d'Aristote, on a vite transformé les formes catégorielles en autant de modes de prédication : la qualité, la quantité mais aussi l'espace et le temps sont ainsi devenus des « attributs » des choses, et quand on s'est rendu compte, avec Kant, que l'espace et le temps pouvaient avoir un autre statut, il a fallu modifier la liste des catégories pour l'adapter aux sciences de l'époque. C'est là une erreur dans la façon de concevoir les catégories. Elles sont immuables, parce que formelles et neutres (interrogatives) par rapport à la réponse attendue. Ce qui dépend du développement de nos connaissances et de la science en général, ce sont les *catégorisations*, c'est-à-dire des qualités, des quantités, etc., des *effectuants* qui permettent de réaliser une interrogation tout aussi particulière. Prenons un exemple simple : si je demande « quel *poids* a cette particule ? », la catégorie est spécifiée par le terme *quel*, qui renvoie à une qualité, tandis que l'effectuant précise celle-ci en particulier, et c'est le rôle que joue le terme « *poids* ». Seule la science, et son développement à un moment donné, permettra de dire si les particules ont un poids quelconque et par conséquent, si la question même a un sens. Ce qui est variable de science à science, de moment à moment, est la liste des effectuants ; non celle des catégories. Kant, en sortant l'espace et le temps de cette liste, a donc mélangé les problèmes, oubliant que le *où* et le *quand* sont des interrogatifs neutres quant au type de réponse attendue, leibnizien, newtonien, ou maintenant einsteinien. Mais la raison propositionnelle, qui a prévalu jusqu'ici, étant fondée sur la problématique qui vise à éradiquer le problématique en guise de réponse, plutôt qu'à le penser, n'a pu dissocier les catégories des catégorisations, qui sont les effectuants particularisés, les premiers éléments de réponse si l'on veut, destinés à effectuer l'interrogation en propre. D'où l'arbitraire quant au nombre et au choix des catégories, reconnu d'ailleurs par le grand Kant lui-même (§ 2 de la Déduction des Catégories, *Critique de la raison pure*, B146).

Si l'on veut bien y prendre garde, on peut observer un lien entre les catégories et les lieux, comme entre la rhétorique et la méthode telle que Descartes l'a définie. Rappelons-nous les quatre célèbres préceptes de la méthode cartésienne :

Le premier était de ne recevoir jamais aucune chose pour vraie que je ne la connusse évidemment être telle ; c'est-à-dire d'éviter soigneusement la précipitation et la prévention ; et de ne comprendre rien de plus en mes jugements que ce qui se présenterait si clairement et si distinctement à mon esprit que je n'eusse aucune occasion de le mettre en doute.

Le second, de diviser chacune des difficultés que j'examinerais en autant de parcelles qu'il se pourrait et qu'il serait requis pour les mieux résoudre.

Le troisième, de conduire par ordre mes pensées, en commençant par les objets les plus simples et les plus aisés à connaître, pour monter peu à peu, comme par degrés, jusques à la connaissance des plus composés ; et supposant même de l'ordre entre ceux qui ne se précèdent point naturellement les uns les autres.

Et le dernier, de faire partout des dénombrements si entiers, et des revues si générales, que je fusse assuré de ne rien omettre [1].

Ces règles tirent leur origine des quatre grands moments de la rhétorique, mais avec Descartes, le but n'est plus le probable mais le certain. L'analyse est ce que devient alors l'*inventio* : toutes deux inventent, font découvrir, mais l'analyse met surtout l'esprit sur le chemin de la vérité (et non plus d'*une* vérité). Si l'on veut bien se rappeler que la rhétorique se subdivise en quatre opérations fondamentales : l'*inventio*, la *dispositio*, l'*elocutio*, et enfin la *memoria* (à laquelle se combine l'action qui produit le discours), la parenté entre ces quatre opérations et les règles de la méthode cartésienne saute aux yeux.

---

1. R. Descartes, *Discours de la Méthode*, Deuxième Partie, Paris, Vrin, 1994.

1) l'*invention* est une recherche, ce qui suppose une question à l'œuvre. Descartes veut éradiquer le problématique, là où la rhétorique, depuis la Renaissance, et auparavant, Cicéron, l'élaborait, l'acceptait telle, l'identifiait pour ce qu'elle est.

2) la *disposition* expose les arguments, rassemble les faits, collecte les évidences, propose l'adéquation des réponses aux questions. À cette fin, elle aussi divise, simplifie, structure, comme le suggère la seconde règle cartésienne, qui, elle, le fait « pour mieux résoudre ». Mais dans les deux cas, il s'agit de présenter le problème en fonction de ce qui va tisser la trame des réponses, même si, pour Descartes, cela signifie essentiellement dissocier le connu de l'inconnu, comme dans une équation.

3) l'*élocution* met en *ordre* les arguments pour convaincre. C'est ce que suggère également Descartes dans sa troisième règle.

4) la *mémoire*, en rhétorique, c'est le dénombrement des étapes, ce qui devient, chez Descartes, un retour en arrière synthétique.

Allons plus loin : les catégories correspondent, en rhétorique, aux lieux, aux *Topoi*. Ce sont les grandes découpes du champ rhétorique, qui permettent d'interroger, comme les catégories en logique servent à raisonner formellement. Quintilien estimait que les lieux répondaient à l'une des questions suivantes : *qui, quoi, pourquoi, où, quand, comment* ou *par quels moyens*. Un lieu spécifiant ce qu'est x, énonce « x est ce *qui...* », est un lieu, un moment, etc. Or, ce sont là les catégories prédicatives de x.

De tout cela, il découle que la scientifisation du discours, le passage de l'*inventio* à l'analyse, comme chez Aristote,

DU SUJET AUX SUJETS :
LES SCIENCES HUMAINES

Le problème que laisse donc en suspens les sciences de la nature, c'est l'homme. Car l'intériorité – toute protestante – du devoir moral et de la conscience intérieure, les catégories faites pour la physique et la mathématique, vont faire de l'homme un œil qui peut tout voir, sauf lui-même. L'universel de la Raison Pure, cet individu sans visage qui n'est personne parce qu'il est tout le monde et qu'on appelle le Sujet, va avaler les différences, *les* sujets, *les* individus. Rien ne s'oppose davantage au sujet que l'individu, par définition différent de chacun.

Ce sujet-là va mourir au XIX e siècle, sous les coups de boutoir de Marx, Nietzsche et Freud, qui ne verront plus en l'homme qu'un sujet décentré, soumis aux aléas de l'Histoire comme de ses propres pulsions, le plus souvent inconscientes. Pour contrebalancer un idéalisme kantien, qui veut tout faire partir du sujet, il faudra bien trouver un contrepoids dans le réalisme de sciences qui vont objectiver l'homme, le prendre en extériorité, là où sa conscience est muette mais où ses pratiques parlent.

Les sciences dites humaines sont nées de cette objectivation, de cette désuniversalisation du Sujet pur, situé au-delà du discours parce qu'étant soi-disant son origine. La philosophie commence alors à mourir peu à peu, privée de son fondement : la conscience absolue que l'homme avait d'être une conscience qui engendre absolument toute pensée et toute science s'estompe peu à peu, avec bien d'autres certitudes.

La réalité humaine est bien différente, et l'homme n'est plus simplement cette intériorité pure, seulement accessible de façon immédiate comme par une intuition indicible du Soi. Oublions l'Homme, car il y a surtout – sinon exclusivement – *des* hommes, à la fois différents et semblables, dont les comportements comme les pensées obéissent à des lois qu'il importe de formuler, par-delà le sentiment confus qu'on peut avoir de la régularité et de la répétition des actions, plus ou moins prévisibles, des individus.

Quelle est alors la matrice des discours sur l'homme, et surtout, la logique de leur répartition ?

Quatre paramètres vont s'imposer : l'individu et le groupe, l'espace et le temps. Les rapports des individus entre eux, des individus et des groupes, comme des groupes entre eux, définiront la matrice des discours de l'homme sur lui-même, avec parfois des contours plus ou moins nets, des empiétements discursifs bien réels. Pour simplifier néanmoins, on peut dire que si l'on dresse un tableau à entrées – individu, groupe, espace et temps – on tombe sur quatre sciences humaines fondamentales, auxquelles il faut ajouter celles qui, indépendamment de l'espace et du temps, régissent les rapports mentionnés ci-dessus : individus/individus, individus/groupes, groupes/groupes.

Cela donne alors le tableau suivant :

	espace	temps
individu/individu	linguistique	psychologie
individu/groupe	politique	économie
groupe/groupe	sociologie	histoire

L'individu analysé selon l'ordre du temps, dans son identité, est ce qui a donné naissance à la *psychologie*; selon le critère de l'occupation spatiale, les individus se rapportent les uns aux autres par le langage; d'où la *linguistique*. Les rapports de l'individu au groupe définissent le champ *politique*, mais si l'on fait intervenir le temps, c'est-à-dire l'accumulation dans les rapports sociaux, on pénètre alors le champ de l'*économie*. Les rapports des groupes entre eux sont régis, quant à eux, par la *sociologie*, et si le temps intervient, on a l'*histoire*. Si on combine les facteurs temps et espace, on a l'anthropologie ou l'ethnologie.

Les sciences humaines se sont ainsi constituées autour des rapports entre l'individu et le groupe, entre le Moi et la société. Pouvait-on encore parler d'homme au sens général du terme? N'y avait-il pas un *homo politicus* comme il y a un *homo economicus*, ou autre chose encore? L'homme fragmenté était né : rationnel dans ses besoins, irrationnel dans ses désirs, partagé et déchiré entre soi et les autres, conditionné par eux et libre; par là, les sciences humaines ont cessé de parler de l'*homme, pour s'abandonner aux statistiques, découvrant ainsi l'homme moyen que je suis et que vous êtes, alors même que nous nous croyons vous et moi différents de tous les autres; et en cela, sans doute, nous nous révélons surtout les mêmes.

Il ne restait plus à l'homme qu'à affirmer son individualité avec violence, avec puissance (Nietzsche), et finalement, à se révolter contre lui-même, dans un sentiment d'absurdité et d'incohérence virant parfois à la passion destructrice. Il s'agit presque d'une lutte contre la statistique, laquelle allait « fonder » la méthode en sciences humaines. Un cri de protestation au nom de la différence qui allait résonner tout au long du XXᵉ siècle. La passion allait resurgir avec force, voire avec excès.

Avant d'en venir à son examen, concentrons-nous sur l'unité des sciences humaines, pour voir si, derrière l'éparpillement, on ne trouve pas malgré tout une autre méthode que la méthode statistique et une autre réalité que celle de l'homme moyen. Bref, y a-t-il, non une philosophie de l'homme, mais une philosophie des sciences humaines qui est à l'œuvre ?

La réponse qui s'est imposée au fil du siècle, et qui est encore la nôtre, est sans aucune ambiguïté possible la suivante : l'Histoire est la dimension proprement humaine qui sous-tend toute science soucieuse de l'homme.

De manière générale, l'Histoire est le passé des hommes différents dans l'espace et/ou le temps. Si l'Histoire était simplement du passé, cela ne serait que édifiant de l'étudier. Affecterait-elle même les hommes du présent, au-delà de la simple curiosité ? En fait, l'Histoire est le devenir, le changement, la temporalité dans son objectivité même. Au départ, pour les Grecs, le changement était relatif, et n'était évidemment pas rapporté au contexte social ou historique, ni même à l'Être, considéré comme immuable, mais à des éléments naturels qui s'altéraient, se modifiaient, et bien sûr, se mouvaient. Le mouvement a ainsi été la première forme du changement, et la physique comme la « biologie » ont été les premières sciences parce qu'elles ont interrogé le vivant qui croît et meurt, le mobile qui se déplace, en espérant retrouver l'identité perdue derrière ce qui diffère ; c'est-à-dire, le sensible. L'histoire, comme discipline, n'était qu'une enquête sur des exemples particuliers, des cas illustrant telle ou telle action plus ou moins glorieuse, évoquant la diversité humaine sans y voir autre chose au départ que de l'accidentel. Fondée elle-même sur des témoignages, qui, on le sait, valent ce qu'ils valent, l'histoire ne présentait rien d'emblématique. À l'opposé du changement dans la nature qui répondait, lui, à des lois encadrant les circonstances particulières, et qui leur donnent sens. L'histoire était par trop problématique, erratique et incertaine, pour pouvoir être comparée à une science comme la physique ou la géométrie, donc pour être perçue comme de la science. De toute façon, l'homme était analysé à partir de l'ordre naturel, lequel devait suffire à lui offrir les clés de déchiffrement de sa propre nature. L'Histoire, à côté de cela, ne pouvait faire que pâle figure, car tissée d'actions individuelles elles-mêmes dépendantes d'une nature humaine relevant au bout du compte de la nature de tout ce qui est.

L'historicité se traduisait donc, à l'origine, par le refoulement de ce qui est historique pour prendre d'autres formes, et en particulier, celle de phénomènes naturels marqués par le devenir. Ce qui suppose malgré tout une relative stabilité du cadre historique, lequel ne devait guère faire problème. Mais la nature de ce qui change dans le temps va à son tour changer progressivement de nature. Ce seront les hommes et les sociétés qui vont être affectés cette fois par le temps qui passe. L'historicité ne pourra plus se limiter à une stricte temporalisation des phénomènes naturels. L'homme va de plus en plus être défini non plus par rapport à cet ordre naturel, mais par rapport à l'Histoire même, qui s'impose désormais en tant que telle à l'attention des citoyens. L'opposition à la nature définira de plus en plus la « culture ».

Le rapport à l'Histoire pose un problème méthodologique de taille : comment transcender son présent et se relier à ce qui n'est plus ou pas encore, et qui relève donc à ce titre du passé écoulé ? La statistique, on s'en souvient, traitait de la quantité : les individus sont abordés par le nombre, et c'est celui-ci qui importe. Par contre, le rapport à l'Histoire, l'historicité, relève de la qualité et de l'interprétation de la singularité qui émerge ou s'estompe selon une qualité particulière qui la rend précisément unique : la bataille de Waterloo, la mort de César, l'apparition de la monnaie, l'invention de l'électricité, le sens profond de l'Évangile de Matthieu, etc. Étant donné qu'on ne peut jamais retrouver l'intention originelle de l'auteur ou des acteurs de l'Histoire, il faut bien interpréter à partir de ce qu'on en connaît présentement : cela s'appelle l'*herméneutique*, qui est l'autre méthode des sciences humaines.

Comment opère-t-elle pour retrouver le passé ? Il y a là une quête, un questionnement, qui s'adresse aux faits, aux textes, aux actions du passé qui en sont comme les réponses, des réponses pour nous à des questions contemporaines que nous projetons dans le passé comme si il y avait répondu, alors que ce sont *nos* questions. Le capitalisme trouvera ses origines dans la banque qui se développe à Florence, sous la Renaissance, mais cette problématique n'est pas celle de cette époque, car c'est nous qui la trouvons inscrite, de façon dérivée, dans ce qui se passe à cet endroit-là et à ce moment précis. Une question dérivée est une question traitée indirectement, dans une réponse, dans quelque chose que *nous* considérons du moins comme telle, à l'inverse d'une question originaire qui, elle, est posée d'entrée de jeu *comme question*, donc antérieurement à ce qui la résout. Un autre exemple de questions dérivées, telles qu'elles alimentent la démarche herméneutique, nous est fourni par Popper. Ce dernier voit dans l'œuvre de Platon les éléments idéologiques premiers du totalitarisme propre au XXe siècle. La question du totalitarisme est une question dérivée, car on ne peut pas vraiment soutenir que Platon l'ait expressément soulevée dans *La République* comme étant *son* problème (ou *son* angoisse). Mais en favorisant un régime fort, sans liberté, Platon répond indirectement à la question de la justification des régimes totalitaires. Pour nous qui l'interrogeons sur ce point, après avoir vécu les carnages de Hitler et Staline, nous trouvons une réponse dans la philosophie politique de Platon *sur* cette question, qui est ainsi indirectement (herméneutiquement) abordée par lui.

L'histoire est, paradoxalement à première lecture, une mise à distance de l'historique en raison même de la narration : elle relève d'un champ spécifique, avec ses questions propres, différentes par exemple de celles qui agitent tout un chacun à chaque époque où il doit vivre et parfois survivre. Dès lors que la mise à distance, le refoulement de ce passé en tant, donc, que passé, se fait sans être rapporté aux questions qui font surgir tel ou tel événement comme fait qui compte, on aura forcément une histoire faite d'événements juxtaposés, équivalents du point de vue du sens, et Louis XIV aura la même importance que l'avènement du petit commerce ou des grandes surfaces dans l'histoire économique du XIXe siècle. Les faits auront une positivité par eux-mêmes, et leur mécanique n'aura rien à voir ni avec des problèmes qui se sont posés aux hommes à l'époque concernée, ni avec les nôtres qui cherchons à plonger dans le passé pour y trouver des réponses quant à ce qui détermine notre présent.

Lorsque nous quittons les textes pour les événements ou les faits, là encore leur interprétation consiste à projeter une problématique contemporaine sur ces faits qui, de façon indirecte et enfouie au milieu de multiples autres problématiques possibles, alimenteront les siècles futurs comme elles l'ont fait dans ceux du passé, afin de leur soutirer une évolution, une émergence, des glissements progressifs, qu'ils inaugurent malgré eux pour ainsi dire. Comme si l'Histoire répondait par avance aux questions qu'elle suscite. Celles-ci sont seulement cachées, recouvertes par les préoccupations de l'époque qui s'avère inconsciente de ce qu'elle porte en elle et qui sera à proprement parler l'Histoire. Y aurait-il eu tant de catastrophes sinon ? Mais ce qui est décrit ici est beaucoup plus général : chaque époque voit s'entrechoquer, parfois sans bien évaluer leur importance, des questions multiples au travers d'actes, de faits et de textes qui l'expriment autant les uns que les autres, et ce que l'on appelle alors l'Histoire est l'évolution de ces facteurs les uns par rapport aux autres, les incompatibilités et les conflits éventuels, en tout cas la dominance de l'un d'entre eux, assurant à l'époque un destin qu'elle ne soupçonnait pas à la base. Qui pressent jamais dans le présent, toujours multiple et riche de facteurs d'évolution contradictoire, ce qui va l'emporter et faire Histoire ?

L'Histoire est cette « résolution permanente » des questions qui se posent par ailleurs et que les questionnements futurs amènent à repérer quand elles ne se posaient pas encore. Déjà Napoléon perçait sous Bonaparte…

L'HOMME EST-IL UN ANIMAL RAISONNABLE ?
LA LOGIQUE DES PASSIONS

La définition de l'homme, depuis toujours, est celle d'un animal doué de *logos*, ce que l'on a traduit selon les auteurs ou les époques par raison ou discours. Ce qui mettrait l'homme à part dans l'univers est cette accessibilité à la Raison et par elle, l'usage du langage pour communiquer et convaincre. S'agit-il là d'une essence, qui transcende l'Histoire, et l'historicité en général ? Il faut pourtant expliquer les vices et les péchés, les massacres et les tyrannies qui ont jalonné les siècles et peuplé les cimetières, comme les petits excès irrationnels de la vie quotidienne. L'idée de passion s'inscrit à propos pour compenser celle de raison, la contrecarrer, la dominer, et aveugler ainsi les esprits parfois parmi les plus éclairés.

Il y a une rationalité dans cet aveuglement qui a toujours retenu l'attention des théoriciens, d'Aristote à Raymond Boudon. Pour ce dernier, dans *L'Art de se persuader*[1], la croyance aveugle et automatique à des idées fausses tient à la mobilisation de prémisses implicites *ad hoc* auxquelles on adhère confusément, parfois sans bien s'en rendre compte tant elles sont nombreuses et prégnantes, à notre insu ou non. Elles orientent l'esprit vers la conclusion qui convient après avoir nourri la mémoire. Aristote s'était

1. R. Boudon, *L'Art de se persuader*, Paris, Fayard, 1990.

déjà penché sur le problème de la faiblesse de la volonté qui pousse l'homme à ne pas agir rationnellement quand il le devrait, et à agir dans le sens opposé à celui que dicte une saine raison. Prenons un exemple : « les serpents sont venimeux, x est un serpent, donc x est venimeux » est un raisonnement qui devrait pousser chacun à s'écarter de tels x. Aristote prend, lui, l'exemple, plus douteux, des aliments secs qui sont bons pour les hommes, mais qu'ils s'abstiennent de consommer, ne sachant pas reconnaître ce qui leur convient et qui est la fin ultime de leur action. Derrière l'exemple des serpents, il y a le lieu commun qui veut que l'on évite le danger et ce qui est nocif en général, un lieu qui nourrit le désir comme l'aversion, en lui assignant une finalité intrinsèque mais extérieure au syllogisme proprement dit, une finalité que l'on ne peut manquer d'identifier en effectuant ce syllogisme. Aristote ne dissocie pas ici le théorique du pratique, comme le fera Hume plus tard en déclarant ce dernier irréductible à celui-là. Il préfère voir la passion à l'œuvre dans l'articulation des prémisses et de la conclusion, celle-ci devant entraîner l'évitement des serpents. L'homme aveuglé par sa faiblesse va nier soit que x est un serpent, soit que les x sont y, c'est-à-dire venimeux. Cela lui permet de s'abstenir de conclure que cette chose-là est bien un serpent venimeux, et qu'il *faut* donc l'éviter. La logique de la passion est, pour Aristote, une ignorance, une volonté d'ignorer les prémisses qui obligeraient à agir, car elles entraînent une conclusion qu'on ne peut éviter de prendre en compte une fois ces prémisses admises.

Mais Hume a raison : on peut admettre certaines idées sur ce qui est le Bien sans vouloir agir pour autant. Je sais que je ne devrais plus manger de chocolat, ou que je devrais lui préférer les fruits secs, que je devrais m'éloigner des serpents, ou ne plus aimer chaque femme qui passe et me tente ; et malgré ce savoir, je peux ne pas agir en conséquence.

La passion est ce qui pousse l'homme à poser telle ou telle prémisse comme à ne pas vouloir y adhérer, parce que la conclusion déplaît. Et même si on la déduit comme il s'impose, la passion intervient encore dans la scission du théorique et du pratique, car on peut fort bien conclure que fumer est mauvais pour la santé, ou qu'une jalousie est excessive, et ne rien changer à sa conduite. Un syllogisme, même effectué jusqu'au bout, n'entraîne pas forcément l'action qui s'imposerait.

La passion est le nom que l'on donne depuis toujours à la faiblesse de la raison, ce qui peut la dominer au point même de l'éteindre.

La passion, depuis le romantisme, a certes quelque peu changé de sens, au point qu'il est parfois difficile de comprendre les Grecs sur ce point. Ainsi, pour Aristote, le calme est une passion. Quelle maîtresse dira de son amant, s'il est « calme », qu'il est néanmoins passionné ? Pourtant, la passion recouvrait bien ce que nous avons appelé la subjectivité et les rapports entre les hommes. C'était le lieu du politique, de la morale, de l'intersubjectivité. À la fois consciente et inconsciente, elle gouverne l'humain à bien des niveaux. La passion selon les Grecs était la manière dont on est affecté : c'est l'étrangeté et la contingence qui se manifestent en nous, l'image de l'Autre qui est en chacun, c'est Soi vu par l'Autre que l'on voit comme par survol, en s'incluant. Image de l'image, expression de la différence, façon de la repérer : c'était tout cela, la passion. Et le calme ? L'apathie est elle aussi réponse à autrui, une image projetée sur lui quant à ce que nous sommes par rapport à lui.

La passion, à l'origine c'était simplement la différence, avant de devenir par la suite le mal et le péché. Certes, nous subissons la passion et elle diminue notre autonomie : elle nous meut et nous émeut (le *pathos*), mais c'est pour le meilleur et le pire, et pas simplement pour le pire. Mais elle a toujours été en nous ce qui n'est pas nous. Elle est l'altérité en l'homme, donc le proche auquel on est confronté. L'amour et la haine pour les cercles rapprochés, la justice ou l'indifférence pour la sphère de la Cité – ce que l'on appelle le politique.

La logique de la passion est donc celle de l'identité et de la différence, identité du Soi, différence d'avec l'Autre. Avec la mort du sujet pur, auquel s'accroche plus d'un retardataire obnubilé par Kant, la passion est redevenue un thème d'actualité. L'individualisme n'est pas étranger à ce regain d'intérêt. Pourtant, les philosophes en ont traité depuis toujours [1]. Chaque fois, il s'est agi de rendre compte de l'émergence et de la possibilité de la Raison. Pourquoi faut-il préférer et instaurer la Raison, sinon en réponse à la passion, qu'il faut combattre ? Ce combat a pris de multiples formes tout au long de l'histoire de la pensée occidentale : l'intelligible contre le sensible chez Platon, la santé contre la maladie chez les Stoïciens, la foi contre le péché chez les Chrétiens, l'âme contre le corps jusqu'à Descartes encore. À côté de cela, on trouve bien des apôtres de la passion qui, bien plus qu'ils ne la louent, cherchent en réalité à la comprendre, comme Machiavel ou Hegel, voire en changent même le sens. Ainsi, Adam Smith fera de la cupidité, passion condamnée par la théologie du Moyen Âge, un intérêt, c'est-à-dire quelque chose de

---

1. Voir M. Meyer, *Le Philosophe et les Passions*, Paris, Le Livre de Poche, 1991.

rationnel à poursuivre, comme si, encore et toujours, l'opprobre jeté sur les passions obligeait celles-ci à se dire sous un autre nom, même une fois acceptées.

Il n'empêche que l'on trouve chaque fois l'opposition de la passion et de la raison, celle-ci n'ayant de sens qu'en fonction de celle-là, qu'elle doit vaincre et éliminer, ou à tout le moins, négocier. Les dieux auraient-ils un sens s'ils n'avaient pas à lutter contre le mal qui nous frappe, contre nous-mêmes qui leur désobéissons, ou encore, contre les autres qui nous menacent ? Raison sans passion n'est que ruine de l'âme. Il n'y a pas de passion, aussi décriée soit-elle, qui n'ait ainsi – paradoxalement il est vrai – de rôle positif et qui, de ce fait, n'ait été ambivalente. En opposant la passion à la raison, comme on l'a toujours fait, on fragilise la raison, comme on le verra ci-après. La vérité est que tout paradoxe disparaît quand on les repense l'une et l'autre à partir des concepts de résolution de problèmes et de problématisations qui nous affectent.

Une difficulté inaugurale a frappé de plein fouet la Raison traditionnelle dans sa possibilité même, c'est-à-dire dans son rapport à la passion. S'il faut connaître celle-ci pour pouvoir la dépasser, comment faire si la passion nous aveugle au point que nous ignorons en être victime quand elle nous piège ? Et si nous la connaissons, n'est-elle pas du même coup démasquée, rendant ainsi la Raison inutile, comme venant trop tard ? Une passion qui aveugle fait de la Raison une impossibilité, puisqu'on ne sait même pas qu'il s'impose de la chercher, et une passion dévoilée, démystifiée, perd forcément son charme, son pouvoir d'ensorcellement. La Raison en devient inutile, même si, on ne sait trop comment, c'est par elle qu'a dû s'effectuer cette démystification. Comment est-on passé d'un état d'impossibilité de la Raison à son rôle superflu ? Comment a-t-elle pu naître et s'instaurer ? Comment la Raison a-t-elle pu nous faire prendre conscience des passions que celles-ci empêchent ? À quoi sert la Raison si, pour combattre les passions, il faut les connaître et que, celles-ci une fois connues, cessent d'être opérantes, rendant le combat désormais inutile ? Bref, la passion bloque la Raison tout en devant y conduire.

Par conséquent, l'envers de ce problème de la passion n'est rien d'autre que celui de la Raison, d'où son importance depuis l'aube grecque. Pour Platon, on le sait, la difficulté était de savoir comment les hommes enchaînés dans la Caverne de leurs illusions allaient pouvoir s'en détourner, se lever et sortir. D'où vient le philosophe qui va pouvoir leur dire : « la réalité n'est pas là où vous croyez, mais derrière vous » ? Le christianisme a pris le paradoxe au pied de la lettre : l'accession à la révélation de la Raison est un mystère, celui de la foi, qui est illumination et conversion. Les Grecs avaient une vision « politique » et intersubjective, voire rhétorique (Aristote) de la passionnalité. Certaines classes sociales, certaines occupations dans la Cité mettent en œuvre telles ou telles passions, tandis que d'autres fonctions vont évoquer encore d'autres passions, voire comme le Philosophe, la Raison. Ainsi, on *est* artisan, comme on *est* guerrier ou philosophe. Chacun à sa place. Cela explique qu'il y ait quelqu'un qui symbolise la Raison pour guider les hommes hors de leurs cavernes ; peu importe alors d'expliquer d'où il sort lui-même, ou comment il a eu l'idée de s'échapper de ses propres chaînes, non perçues comme telles.

Pour le christianisme par contre, la passion est en chacun, elle est le fait de la condition humaine, c'est-à-dire du péché originel dont nous relevons tous et qu'il nous faut tous assumer. Ceci rend d'autant plus aigu le problème de savoir comment le salut est possible. La passion est devenue le rapport de l'homme à Dieu, et non plus comme chez les Grecs, celui du rapport des hommes entre eux. Mais là encore, le paradoxe est reconduit et ses conséquences seront cruelles, car le schisme religieux qui en découlera conduira les hommes aux pires intolérances. D'une part, il faut bien admettre qu'il est naturel que les hommes soient pécheurs, qu'ils aient des passions puisqu'ils sont hommes. Leurs passions sont donc incontournables parce que naturelles et liées à la condition humaine, indépassable, qu'elles expriment. D'autre part, la foi, c'est-à-dire la prise de conscience du mal et la conversion à la Juste Doctrine, est censée sauver les âmes. On est confronté ici à une incompatibilité majeure, car ou bien la condition humaine est indépassable, et la foi n'y change rien, encore moins l'Église qui ne peut se substituer à Dieu pour nous sauver de nous-mêmes. C'est pour schématiser, la « solution protestante ». Ou bien, prendre conscience de ses passions et du péché qui y préside permet, en les dévoilant pour ce qu'elles sont, de les déjouer. L'Église sauve alors les âmes, et c'est, on le sait, la « solution catholique ».

En fait, le paradoxe des passions s'est déplacé en une alternative, dont la question première est celle de savoir ce qu'il en est de l'homme et de la nature humaine en général, avec, à la clé, celle de l'étendue de sa liberté. On pense ainsi à l'opposition de Descartes et Pascal, lequel reprochait au premier de trop faire confiance à la Raison, à la prise de conscience des passions qui devrait, par elle-même, libérer et sauver l'homme de sa misère naturelle. Pour Pascal, le fait de se connaître comme pécheur aboutit à prendre conscience de la misère, de l'impuissance et de la finitude de l'homme. L'opposition Pascal-Descartes est exemplaire en ce qu'elle projette le paradoxe dans l'époque moderne. Pour Descartes, prendre conscience de ses passions, c'est en quelque sorte les dépasser, c'est affirmer la Raison comme démystification de ses pièges (une *Aufklärung* avant la lettre). Pour Pascal, les passions étant naturelles, rien n'y fait, pas même la Raison. Naturelles pour l'un, elles sont dépassables selon l'autre. Les passions empêchent que la Raison soit libératrice chez Pascal, ou alors, elles la permettent, comme chez Descartes, lequel n'échappe pas au paradoxe : on connaît ses passions, on sait avec certitude qu'on aime ou que l'on est en colère par exemple, mais le « Cogito passionnel » semble détruire la distinction de la Raison et de la passion, en ce que primitivement, la rationalité se démarque par le Cogito. Cette raison de la passion – c'est-à-dire un *Cogito pour deux* – effacerait leur différence. D'autre part, comment admettre qu'il y ait des états d'âme, comme la passion, qui soient dépourvus de conscience, qui soient donc inconscients pour ainsi dire ? Les passions n'existent qu'autant qu'on les ignore telles, mais comment en parler encore si on les ignore ?

Le problème des passions va devoir se déplacer et il va peu à peu se formuler selon le couple nature/nature humaine, dont la conscience est bien sûr l'apanage, mais d'autres caractéristiques essentielles vont néanmoins passer à l'avant-plan. La nature est nécessaire : c'est la passion incontournable, l'animal en nous avec ses instincts et ses pulsions. La nature humaine, par contre, est la différence entre l'homme et l'animal, le spécifiquement humain. La passion est le lieu de rencontre des deux, et l'on comprend maintenant que l'homme cherche depuis toujours à réprimer la passionnalité qui l'habite et parfois le détruit (Hobbes). La passion est ainsi le signe d'un prolongement, d'une identité avec la nature, c'est le naturel de l'homme, mais c'est aussi le proprement humain en ce que ni les plantes, ni les animaux n'ont de passions. Elles sont nécessaires à la vie, comme la satisfaction des divers instincts biologiques qui nous marquent, et elles sont parfaitement maîtrisables en ce qu'elles sont également humaines, donc soumises à la Raison, « le propre de l'homme ».

Considérée comme naturelle, la passion échappe à la pensée, qui en est victime ; et considérée comme non naturelle, elle n'a plus rien de corporel, elle est intellectuelle, elle est une différence à évacuer pour l'identité de l'homme en tant que tel. Comment peut-elle être les deux, nécessaire et dépassable à la fois ? Le paradoxe que l'on avait cru éliminer va encore rebondir, modifié.

Ce qui compte dans cette question de la nature humaine n'est pas tant la prise en charge de ce paradoxe au fil de l'Histoire que l'évolution dans le rapport de l'homme à la nature.

On observe, par l'histoire des passions, une autonomisation croissante de la nature humaine par rapport à la nature. Pour les Grecs, l'immersion était une évidence, comme pour Hegel, l'arrachement par l'Histoire à toute naturalité extérieure et inerte en est devenu une autre. La nature humaine, en se vidant ainsi de plus en plus, au fil des siècles, de tout contenu naturel, affirme une liberté de plus en plus formelle, et perd son ancrage, pour devenir, avec Nietzsche, une sorte de fiction philosophique. Il ne reste plus alors que l'individu, et le « retour au sujet » n'est plus que la trace d'une nostalgie sans avenir. L'homme est-il sensible et intelligible, comme Kant le prétendait, sans voir qu'il s'agit là bien davantage d'une difficulté et d'une scission elle-même problématique ? Ou est-il entièrement fait de nature, sans excédent possible comme le voudrait Nietzsche ? Comme tel, le débat est insoluble, car la raison se présuppose de plus en plus a priori en même temps qu'elle se combat dialectiquement (Adorno), en se dénonçant à partir d'elle-même. Tout cela montre que l'évacuation des passions, par une « raison pure », ou leur exaltation, en guise cette fois de Raison, ne représente qu'une alternative fausse au vu de la véritable rationalité, qui doit être instaurée plutôt que présupposée, ou simplement niée dans un subjectivisme radical. La passion et la raison n'ont pas à être jouées l'une contre l'autre, et la première, servir de repoussoir paradoxal à la seconde. Tant qu'on en restera là, on se heurtera au dilemme insoluble du post-modernisme nihiliste et de la nostalgie toute kantienne pour un universel à laquelle la passion pour et de l'existence n'aime pas se subordonner.

Au fond, la passion qui resurgit aujourd'hui comme interrogation philosophique, c'est une Raison nouvelle qui apparaît comme et dans l'interrogation que nous sommes pour nous-mêmes et à nous-mêmes. Si la passion nous interroge, si nous l'interrogeons, c'est précisément au sein d'une rationalité interrogative qui nous permet d'y répondre enfin, ou tout simplement, de répondre.

Les passions sont les réponses qui nous affectent lorsque nous avons un problème : ce sont des émotions, des réactions à la problématicité, c'est-à-dire des façons d'y réagir. Elles traduisent ce que l'on ressent face à une relation problème-solution à laquelle on est confronté. Elles sont des réponses sur un lien question-réponse auquel on ne peut pas ne pas répondre. C'est ce qui fait que la *crainte*, l'*espoir*, le *désespoir*, la *joie*, la *tristesse*, vont articuler nos résolutions.

Un problème surgit auquel il s'agit de faire face : l'*espoir* d'une certaine solution et la *crainte* d'une autre sont ainsi les deux premières réponses. Par extension, on peut craindre qu'un problème survienne et pas seulement une réponse donnée, mais cette crainte n'a de sens qu'en fonction de la réponse qui va s'ensuivre.

Il en va de même pour le *désespoir* de ne pas voir une certaine solution se faire jour. Celle-ci, de toute façon, se produit et cause *joie* ou *tristesse* : c'est la réponse à la réponse. Mais à la base de la réaction passionnelle, on peut observer une plus ou moins grande passivité, qui va de l'*apathie* résignée à la *résolution*, de l'*indifférence* au problème qui se pose à la *détermination* à le résoudre. La haine des passions qui a toujours prévalu dans l'histoire de l'Occident a plutôt poussé les hommes à privilégier l'apathie, le détachement, à accepter de subir, et à se résigner quand ils ne pouvaient pas vaincre le passionnel ni se détourner de ces émotions qui soi-disant les trompent sur eux-mêmes et le monde. La vraie joie est alors spirituelle, et la vraie détermination s'inscrit dans le renoncement difficile aux plaisirs passionnels. En orientant les hommes vers la mise à distance des passions, c'est finalement le couple question-réponse, et la rationalité qu'il implique, qui se retrouvait au ban de la pensée et de l'action. La passion s'inversait en passivité à l'égard des sens et des penchants divers qu'ils suscitent. La vraie réponse était dans la non-réponse aux passions. Soi, le Monde, Autrui : autant de passions qui modulent le rapport à la problématicité selon ces trois axes ; ces trois problématiques modalisent le passionnel et le singularisent. La honte n'est-elle pas un *désespoir* du Soi, et de Soi ? L'âpreté n'est-elle pas un *espoir* de biens ? Laissons là les combinatoires dont Descartes et Spinoza furent si friands. Soi, les choses, autrui : un triptyque qui rappelle les trois grandes passions du péché originel, à savoir l'orgueil (ou la vanité), la cupidité et la luxure (ou le désir). Il est difficile de distinguer, dans le Soi, ce qui est désir (sexuel) de la vanité, comme dans le rapport à autrui, ce qui relève de la volonté de puissance ou du désir, tant les dimensions s'imbriquent, se substituent les unes aux autres, s'équivalent. L'âpreté elle-même est, à sa façon, la manifestation d'un désir et la jouissance d'un être « cher » n'est pas sans rappeler celle que l'on éprouve par la possession des choses. En nous demandant de renoncer aux trois, le christianisme n'était pas sans cohérence, et Aristote, en prêchant la modération dans les trois, sans sagesse.

Soi, le Monde et Autrui : le désir, le besoin, la demande ; ce qui devient luxure, cupidité et volonté de puissance. Mais on a *besoin* des autres autant que l'on *désire* un bien, ou que l'on *demande* quelqu'un ou quelque chose. Le *désir* sexualiserait-il toutes les passions ? Là encore, on retrouve le christianisme, tout comme Freud d'ailleurs. Ne serait-ce pas plutôt le besoin qui serait l'opérateur dominant ? Marx a pu le penser ; la possession serait alors le moteur des grandes problématiques, marquant Autrui par la possession des êtres, comme être propriétaire serait la meilleure manière qu'ont les hommes de vérifier le poids de ce qu'ils sont. Peut-être est-ce finalement plutôt la *demande*, qui régit tout, qui exige, qui impose, qui domine, qui pousse les hommes à être orgueilleux, vaniteux autant qu'à être dominateurs et rivaux les uns des autres ?

Comme on le voit, toutes les théories ont été défendues. Preuve que la passionnalité refait surface et qu'elle est incontournable si l'on veut comprendre les hommes.

Il n'y a pas de société possible si tout est permis. Tout le monde s'accorde au moins sur l'exigence minimale de limitation des passions. Le pouvoir doit être contrôlé, le matérialisme ne peut tenir lieu de mode de vie, et la liberté d'avoir des rapports sexuels ne peut s'exercer sans frein, sans menacer à terme la liberté de chacun. Chaque société a entretenu une conception des limites, mais même en deçà de celles-ci, le consensus est plus évident qu'il n'y paraît. Si nos sociétés se détruisent peu à peu des excès qu'elles engendrent, elles en sont de plus en plus conscientes. L'esprit de lucre, et le matérialisme en général, affectent les rapports humains mais aussi le rapport à soi. Il faut avoir pour être. L'obsession de plaire et de séduire insécurise chacun et déstabilise les couples, désunit les familles, frustre et déboussole les enfants qui en sont les victimes, avant, parfois, de devenir des coupables. La quête du pouvoir et de la reconnaissance sociale, jadis réservée à un petit nombre, est activement poursuivie par beaucoup. Que dire de ceux qui mélangent les trois dans une course sans fin, parce que chacun de ces trois objectifs appelle à toujours plus, à toujours autre ?

Pour l'heure, il reste à se pencher sur la logique des passions proprement dite. On a vu qu'Aristote assimilait la logique du passionnel à un syllogisme que l'on se refuse d'effectuer. À l'inverse, Hume estimait que cela n'avait rien à voir avec la négation implicite de prémisses, le passionnel n'ayant aucune logique autre que subjective, puisque l'on peut connaître toutes les conclusions que l'on veut, il faut encore *vouloir* agir en conséquence. En termes techniques, on dit que le « *ought* » ne se laisse pas déduire du « *is* ».

Et pourtant, il y a bien une logique des passions, qui rend d'ailleurs justice à ces deux penseurs. La passion opère en partant de la conclusion et se donne les prémisses *ad hoc* qui servent à la justifier. Othello est jaloux, et rien ne l'en fera démordre : Desdémone est infidèle. De là, il conclut que tout prouve sa conclusion, comme le mouchoir suspect qu'elle tient en main, et qui appartient à l'homme qu'Othello soupçonne d'être l'amant de sa femme. Il

LE CORPS, LE DÉSIR ET L'INCONSCIENT :
SENTIMENT DU MOI, EXPÉRIENCE
DE L'INDIVIDU

Quel est le propre du Soi ? C'est bien sûr d'être un Moi, une personne unique, un individu. Il y a le monde et autrui, mais c'est autrui qui me fait le plus penser à moi, car il *est* un Moi. Par là se pose la question de ce que je suis réellement, de ce que je veux mettre dans ma personnalité et par quoi je veux la définir, la remplir. Il me faut me réapproprier le Moi derrière le Soi, pour que le « *je* », que je suis, soit bien moi et personne d'autre. Le corps est l'expression de cette singularité : ce que je ressens, *je* le ressens et nul autre que moi ne peut avoir *mes* sensations, *mes* terminaisons nerveuses, souffrir *mes* douleurs, *mes* maux et *mes* maladies. Pour autrui, mon corps c'est moi. Mais pour moi ? *Je* ne suis pas un corps ; ce que je suis, je ne le définirais jamais par mes instincts, mes pulsions, mes excrétions, mes viscères qui me font mal ou mes os et mes muscles qui me font souffrir, et même ce qui me fait physiquement jouir n'est pas le tout de ce que je prétends être. *Je* suis une personne et tout cet aspect corporel n'est pas à proprement *moi* : c'est au contraire en refoulant cette corporéité que j'existe et je vis. Je dois bien sûr faire avec, le supporter quand il fait mal, trouver de la nourriture et du sexe que j'humaniserai plus ou moins par « des petites recettes » pour me donner l'illusion que j'ai pu me détacher de la *nature* ainsi transformée en *culture*. Bref, mon corps me pose problème, d'autant plus que c'est lui qui me permet de vivre, au niveau biologique bien sûr.

Le refoulement du corps, sa maîtrise, le déplacement de ce qu'il requiert en exigences socialisées, c'est cela qui me fait être Moi. Les tortionnaires l'ont d'ailleurs mieux compris que les philosophes. Faire souffrir l'Autre, c'est l'avilir et le ramener à l'état de nature, c'est effacer toute humanité et réduire l'Autre à un corps en le lui rappelant sans cesse par la torture.

Le corps est ainsi ce qui m'aliène, me limite, me condamne, et les plaisirs que j'en retire ne peuvent me faire oublier cette dépendance. Même si je socialise, humanise et ritualise les repas, les amours ou la mort, c'est chaque fois l'Autre en moi – le corps – qui se rappelle à moi comme une nécessité que j'ai beau habiller de mille masques qui consacrent ma liberté, celle-ci trouve cependant sa limite dans les contraintes et les obstacles que me pose le corps avec ses nécessités brutes, même occultées, habillées. Le froid, le chaud, la faim, la soif, la douleur physique, le désir sexuel, sont là pour me rappeler que je ne suis pas un pur Moi, et quelles barrières enserrent mon action, comme pour me dire « ce n'est pas moi ! ».

Le corps, c'est l'Autre en moi ; c'est Moi qui se retrouve comme possédé par un destin, première manifestation de cette étrangeté qui vous envahit. La scission classique de l'âme et du corps tire probablement sa source dans ce phénomène. L'enfant qui naît découvre d'ailleurs son corps dans le regard et les soins de sa mère ; sa dépendance est corporelle, comme son lien primitif avec elle. Le corps va s'imposer peu à peu comme la voix de la différence, de l'altérité, dont la présence de la Mère est le signe même. On *est* sa mère comme on *est* son corps. Plus la différence se creuse et plus l'autonomie individuelle s'installe, plus, aussi, le Moi va s'affirmer en propre.

Le refoulement du corps est, pour l'homme, la façon d'assumer son existence. Ex-ister, être hors-corps, c'est projeter hors du soi corporel ce que celui-ci permet. Ainsi, la perception se rapporte à *ce que* je vois, et non à ce centre de référence qu'est le corps pour la perception. Exister, c'est voisiner avec les choses et les êtres, à partir, sans doute, d'une perspective liée à la position et aux possibilités du corps – les schémas – mais ce faisant, on est en dehors (de son corps). Même les sensations les plus agréables ne le sont que parce qu'elles me font *être* corps, ce qui surprend et envahit positivement. Le plaisir et le bien-être mêmes semblent étrangers et miraculeux. La jouissance est domination, une domination de ce corps avec lequel on se sent alors en communion, comme en apesanteur. Le corps, c'est ma différence, parce qu'il *m*'affecte moi et personne d'autre. Elle est mienne en ce que cette différence est pour moi, en moi. Mais elle *est* une différence ; la première manifestation de l'altérité, c'est le corps.

Être Soi, c'est lutter contre cette différence, la réduire, la projeter au-dehors, la maîtriser ou l'ignorer autant que faire se peut. Le corps est ce que l'on refoule pour être, car on n'*est* pas excrétion, salive, déglutition, pleurs, douleurs.

Reconnaissons la différence, pour la mettre à distance, le corps insufflant en moi une identité, des identités qui ne seront pas Moi, mais qui *m*'affecteront en tant que Moi. Le corps est l'indifférenciation que *je* récuse en tant que *je* suis (autre chose qu'un corps). Refouler le corps, c'est instaurer la différence là où il instille de l'identité. Le corps propre est celui que, par le refoulement, je pose comme distinct du Moi, qui est *autre chose*.

Le corps, parce qu'il est refoulé, est l'inconscient du Moi. Ce que l'on appelle, depuis Freud, l'inconscient, est « le destin des pulsions corporelles », c'est-à-dire la façon dont le Moi se les représente. Dans l'inconscient, tout s'identifie avec tout, les différences s'estompent, elles se condensent en donnant lieu à des déplacements en chaînes substitutives de symboles qui y sont à ce stade des identités.

La différence que l'on bafoue est une violence exercée sur l'Autre. On la projette sur lui pour échapper à l'autre en soi que l'on ne peut refouler. D'ailleurs, d'une manière générale, la violence résulte d'une incapacité de mettre à distance la corporéité, c'est-à-dire à la respecter en propre, comme telle. Cette non-maîtrise du corps peut être associée à de la désagrégation, ou pire encore, engendrer la barbarie comme envers de la civilisation (Freud), il n'en reste pas moins que l'homme violent est celui qui ne supporte pas le corporel qui l'envahit et dont il veut d'autant plus « se débarrasser » qu'il l'envahit. Au départ, l'homme est agressif parce que l'altérité en lui, le ce-qui-n'est-pas-soi, c'est le « corps agressif ». Et dominer celui-ci, c'est apprendre à lutter contre l'Autre, avec tout ce que cela implique comme inversion de l'agression. D'où l'importance qu'il y a à souligner le rôle de la différence qui permet de respecter « la Différence » en général, et qui passe par la mise à distance. On se perd à ne pas respecter les différences, c'est-à-dire que sa propre identité, comme différence d'avec les autres, s'en trouve menacée par l'abolition des différences. Œdipe le sait bien : en épousant sa mère et en tuant son père, il abat les barrières les plus sacrées, il désacralise les différences qui nous font être. Différence de la vie et de la mort, des parents et des enfants (l'inceste), qui permettent à chacun de *se* repérer en propre, c'est-à-dire dans son identité même. Bref, ex-ister, c'est vouloir être autre chose qu'un corps, c'est affirmer une transcendance qui doit défier le temps, en posant une identité soucieuse de différences incontournables qui la fondent. À l'inverse, le refoulé ignore ces différences : l'inconscient, on le sait depuis Freud, ne connaît pas les barrières qu'elles impliquent. Les interdits n'existent pas : on épouse sa sœur, sa fille, sa mère, on tue sans vergogne, faisant fi chaque fois des différences qui permettent à chacun de se repérer et qui, si on laissait libre cours à toutes ces violations de la différence, remettraient en question l'individualité de chacun. Refouler le corps, instituer donc un inconscient, est ce que fait chacun pour se mettre à l'abri de ce qui peut le problématiser, parfois sans solution possible. Ex-ister place l'homme dans le répondre par le refoulement de la problématicité qui l'affecte, une problématicité qui traduit, certes, de multiples tensions, mais qui formellement, s'exprime par des équivalences, des substitutions, qui mettent à plat toute différence, rendant l'individu in-différent aux autres. La première forme de lutte contre l'Autre en soi est le refoulement de son propre corps, comme instauration du Moi. Par là, la différence devient possible, donc la sienne propre.

Le refoulement du corps, c'est aussi la possibilité de répondre qui se réalise. On perçoit les choses à partir de la position de son corps, mais celui-ci n'est pas perçu ce faisant, il tombe à l'intérieur du champ du refoulé comme ce qui est hors-question dans toute question sur le monde. Le Moi est l'instance qui refoule la problématicité et ce faisant, se place dans un répondre soucieux de différencier ce qui est amalgamé dans l'inconscient. On n'échappe pas à son corps, d'où le déplacement des problèmes qu'il pose en une rhétorique qui combat et annule cette problématicité dans son aspect naturel, instinctuel. D'autre part, la réalité, elle aussi, pose problème, de l'extérieur si l'on peut dire. Le Moi est cette instance où se négocient tous ces problèmes dans un répondre qui toujours rebondit sur ses acquis, ses forces, ses facultés, ayant réponse à tout *en principe*, avant même, souvent, que le problème ne se pose *effectivement*. La conscience est cette faculté a priori que possède le Moi de répondre et même de répondre sur soi sans jamais quitter le terrain des réponses, même lorsqu'il y a des questions, conçues du même coup comme enracinées dans un répondre préalable. Entre les problèmes du corps et ceux du monde, le Moi médiatise par la mise en place de réponses qui évitent les conflits autant que faire se peut.

Quant au refoulé en général, puisqu'il est tissé d'identités, il est forcément fait de symboles et d'archétypes, identités que l'éveil retrouve comme énigmatiques et codées, des identités qui font problème, sauf au moment où elles naissent, puisqu'elles sont naturelles et ne sont transgressives que *pour* un esprit éveillé et conscient.

Le refoulé, considéré de manière générale, n'est d'ailleurs pas quelconque. Sur quoi porte-t-il au juste ? Les différences essentielles de la vie et de la mort, du père et de la mère, de l'enfant et de ses parents, recouvrent, si l'on y regarde bien, celle de la sexualité, il est vrai, mais pas seulement, car on y repère aussi l'autorité parentale (le Père), et la distinction du Soi et d'autrui qui se manifeste dans la place que l'on occupe dans la constellation parents-enfants. Les différences sacrées, bafouées par les dieux de l'Olympe, parce que situés sur l'Olympe précisément, sont celles de la vie et de la mort, de la sexualité telle qu'elle s'incarne dans la société, de l'appropriation comme possession injuste. On retrouve là, sans doute, et de façon embryonnaire, les grandes passions qui animent les hommes, et dont il apparaît que le refoulement ou la maîtrise minimale assure à l'homme la possibilité d'être Soi et de vivre avec Autrui, dans un monde commun et vivable.

Le désir, multiple et polymorphe, est la réponse au refoulement de ces identités impossibles car invivables, sources du Sacré par leur refoulement commun à tous les hommes. Le désir est la quête de ces identités perdues, mais après le refoulement qui les socialise et les humanise plus ou moins. Le désir est, au départ, infini et transgressif. D'où le complexe d'Œdipe. On veut tout, tout de suite, et dans le désir, même lorsqu'il a subi l'épreuve du refoulement, on *imagine*, on *fantasme* des situations folles et irréalistes, des symbioses et des synthèses inacceptables. On se voit riche et tout-puissant, on tue ou on élimine les gênants, aucune différence, aucun respect, ne font plus obstacle, comme si les barrières les plus sacrées s'étaient effondrées en vue de satisfaire le désir, désormais sans limite, donc sans refoulement. Du même coup, on se réapproprie son corps, qui n'est plus un Autre, mais la négation vécue (fût-ce de façon imaginaire) de ce dernier.

En réalité, ce que nous appelons désir, loin d'être cette fusion avec une fin, la pose en extériorité, d'où le désir qui est tension vers quelque chose ou quelqu'un. Le désir exprime l'écart et la distance, donc le poids de la différence, qui se trouve ainsi intégrée à sa propre possibilité. Le désir veut l'identité, parce que celle-ci est devenue impossible suite au refoulement. Le désir va vers un autre chose, que le refoulement rend cette fois possible, et s'il s'agit de retrouver les identités perdues, celles-ci, heureusement, se déplacent et deviennent, la plupart du temps, acceptables humainement, voire socialement. L'amour n'est plus

incestueux, le désir comme expression de soi se politise
ou s'incarne dans des idéaux nobles de la reconnaissance
sociale, comme la notoriété du créateur, et ainsi de suite.
Le goût de l'argent se régule à son tour ; bref, le désir se
légitimise. Ce n'est évidemment pas toujours le cas, et la
violence revient d'autant plus à la surface.

Le Sacré trouve son origine dans ces différences. Il est
même *la* Différence par excellence. Ce qui explique qu'il
incarne, par sa distance, ce que les hommes ne peuvent
faire. Le Sacré est symbolisé par la transgression, il est ce
à quoi nous, les humains, ne pouvons accéder. Quand le
Sacré se fait homme, que des choses inacceptables se
produisent non plus sur l'Olympe mais parmi nous, le
péché et le mal s'imposent comme évidence : la mort de
Jésus exemplifie ce qu'il y a d'insoutenable dans toute
mise à mort, en tant que désacralisation du sacré. Mais
n'a-t-on pas toujours mis à mort les rois, parce que rois,
en ce qu'ils prétendaient se mettre au-dessus des autres ?
N'était-ce pas là un « assassinat légitime » ?

C'est là toute la question du pouvoir en général, sur
laquelle on n'a pas assez médité, sans doute parce qu'il
est légitime, en démocratie, de le convoiter (par l'élection)
et de le partager, qu'il s'est banalisé en même temps qu'il
s'est émietté.

LE POUVOIR ET LE SACRÉ DE LA RELIGION
À LA POLITIQUE

Il n'y a pas de groupe humain qui n'ait besoin d'être légitimé dans son existence, dans son identité. Celui qui énonce cette identité est forcément différent des autres. Ce faisant, il tombe à l'extérieur du groupe dont il stipule la règle constitutive, la Loi. Il peut tout légitimer sauf son propre rôle à tout légitimer. Il est ainsi illégitime, hors la loi, car il fait quelque chose que personne d'autre ne fait dans le groupe, il se place en extériorité en adoptant un tel point de vue de supériorité. L'identité fondée dans et par la différence rend celle-ci inacceptable, puisque l'objectif *est* l'identité. Celui qui se met ainsi en marge du groupe sera sacrifié sur l'autel de la solidarité collective. Un sacrifice qui consacre en même temps qu'il tue : le but en est de mettre à distance la différence, de faire de celle-ci quelque chose de tabou. Frazer a pu noter la mise à mort de nombreux rois de tribu à chaque printemps. Pour Girard, la violence du groupe s'exercerait à l'encontre de doubles choisis pour expier et canaliser le mimétisme généralisé. Mais c'est oublier que c'est la différence qui insupporte le groupe. La victime expiatoire va d'ailleurs devenir un animal dit sacré, afin de permettre aux rois de survivre à leur royauté. L'identité n'est pas ce que craignent les masses et les groupes, c'est au contraire ce qu'ils cultivent et les fait être ce qu'ils sont. Transgresser la norme, en s'en prétendant le dépositaire, conduit à la violence. Il y a comme une dette qui s'instaure pour cette différence, et celui qui s'en proclame le juste héraut devra compenser et restituer le montant de sa dette, qu'il incarne en quelque sorte ; sa vie en sera le prix. S'il y a des crises d'identité, comme le croit Girard, cela tient surtout au fait que, dans certaines sociétés et à certaines époques, on trouve des individus qui, voulant être différents, s'affrontent car par là ils se révèlent identiques avant tout. L'identité qu'ils trouvent insupportable, selon Girard, est davantage une frustration devant leur impossible différence, qu'ils ne toléreront donc pas chez l'autre si ce dernier parvient malgré tout à s'affirmer en propre. Quant à la tragédie d'Œdipe, elle révèle plutôt une situation où il n'y a plus de différence, donc de société, où l'identité absolue empêche celle-ci d'être fondée, et Œdipe, par tout ce qu'il est, cristallise cette indifférenciation absolue qui le rend d'ailleurs totalement illégitime lui-même[1]. Une identité absolue est donc bien synonyme de violence parce que rien ne peut, de l'extérieur, la justifier et lui donner sens. Si l'identité *généralisée* est rejetée, ce n'est pas en elle-même ni pour elle-même, mais parce que plus rien, plus aucun point de vue *externe*, donc différent, ne peut en synthétiser la raison, plongeant *chacun* dans la quête d'une différence impossible que plus personne n'oserait prescrire ou même suggérer. Mais une différence qui ne serait pas mise à distance, ce qui est la fonction du tabou, équivaudrait à la même profanation, aussi insupportable que culpabilisante.

Tout l'effort du légitimateur va évidemment consister à *inverser la dette* et à s'assurer un minimum de pouvoir,

---

1. Sur ce sujet, voir M. Meyer, *L'Insolence*, Paris, Grasset, 1995.

pour se sauver et asseoir son emprise. Il s'agit de rendre débiteurs les sujets à l'égard desquels le roi exerce son office. Il importe de dissocier le sacré – lui, comme Roi – du sacrifice, de détourner le rejet de la différence sur une victime expiatoire, animale, humaine ou plus tard, symbolique. C'est là, bien sûr, tout le fossé qui sépare la barbarie des formes minimales de la civilisation. La sacralisation du Roi peut toujours s'autoproclamer, ou le pouvoir, s'appuyer sur la force, mais ce ne saurait être que temporaire. D'où le recours à une instance légitimante externe – appelons-la le prêtre, le chaman ou l'intellectuel, selon les situations – qui elle-même sera marginalisée, en tant que composée d'êtres différents, si elle ne bénéficie de l'appui du Pouvoir. Une division du travail social devient alors inévitable : la masse, les guerriers (le Roi) et les prêtres (les intellectuels) vont diviser et composer la société, la hiérarchiser. On retrouve là le schéma bien connu mis en évidence par Dumézil pour décrire les sociétés indo-européennes, donnant forme beaucoup plus tard aux trois ordres de l'Ancien Régime, les classes sociales immuables que Platon analyse dans *La République*.

On comprend que l'objectif du pouvoir soit d'être sacralisé sans être sacrifié. Sa légitimité vient de l'intellectuel qui, en retour, se retrouvera protégé par celui qu'il légitime. Le fin du fin étant de trouver une légitimité qui englobe le légitimateur et le légitimé dans son rôle. D'où la séduction de l'universalité et de la transcendance qui englobe et concerne chacun, les deux cristallisant ce qui fait objet de la quête des intellectuels, réunis ou non en Église. Pas de légitimité sans Loi pour tous, et cela d'autant plus que le roi et l'intellectuel vont s'affirmer distinctement. C'est ainsi que religion et politique vont à la fois s'autonomiser et se rendre indispensables l'une l'autre. Derrière l'idéalisme

affirmé de certains intellectuels, combien d'intérêts bien
matériels ne se cachent-ils pas ? Que de papes, d'évêques,
de rabbins ou d'ayatollahs « engagés » dans des causes
politiques plus que douteuses ! La philosophie est au fond
la vérité de l'intellectuel : ce qui devrait exprimer son
désintéressement, c'est-à-dire le goût et le souci des
questions pour elles-mêmes. La religion, comme son
étymologie le rappelle, vise à relier les hommes, à leur
conférer une identité sociale, une légitimité à être ensemble,
par exemple en ritualisant ces liens, comme on peut
l'observer dans le culte des ancêtres et des morts.

Avec les trois grandes fonctions de la société, le travail,
la légitimation religieuse ou intellectuelle, et le pouvoir
politique, on retrouve Soi, les Choses et Autrui, comme si
ces grands problèmes donnaient lieu à des occupations
distinctes, à des hommes distincts, ou dominés par une
seule de ces tâches. C'est en tout cas ce qu'estimait Platon
dans sa réflexion politique.

Aristote et lui avaient ceci en commun qu'ils pensaient
pouvoir rapporter l'évolution des régimes (les constitutions,
comme on a pu dire) politiques, à des excès de l'âme, à
des passions. Celles-ci, en se donnant libre cours,
engendreraient des régimes et des situations funestes : le
goût des richesses, des honneurs, les mœurs débridées,
donnent ainsi naissance à autant de situations politiques
perverses qui vouent ces régimes à une décadence inévitable.
La démocratie, en favorisant tous les désirs, qu'ils soient
matériels, sexuels ou de domination, cumulait – surtout
pour Platon – les défaveurs, et un tel régime ne pouvait
que déboucher sur la tyrannie. Si l'aristocratie était
synonyme de vanité, et l'oligarchie, de la quête de l'argent,
la démocratie, elle, en accordant une liberté incontrôlée
de tous les désirs, ne pouvait qu'entraîner l'anarchie. Un

tel diagnostic fait froid dans le dos, vu que nous vivons aujourd'hui en démocratie. Platon, parlant de l'homme démocratique, le caractérisait de la sorte :

> Qu'on lui dise que tels plaisirs viennent des désirs nobles et bons, et les autres, des désirs pervers, qu'il faut cultiver et honorer les premiers, réprimer et dompter les seconds, à tout cela il répond par un signe de dédain ; il soutient qu'ils sont tous de même nature et qu'il faut les honorer également [1].

Il y a ainsi, dans chaque âme, trois parties qui correspondent aux trois passions cardinales. Ce sont trois types de désir : l'honneur, l'argent, et la libido, au sens large. Un régime politique peut ainsi privilégier la recherche des honneurs, la licence ou la richesse, et Platon met en garde contre ces déséquilibres qui poussent les hommes à se focaliser sur le plaisir, la richesse ou la domination, alors que seule la tempérance qui les modère est « philosophique ».

Là encore, on retrouve de façon sous-jacente le Soi, le Monde et Autrui comme structure de base de la réflexion jusque dans la pensée politique. Aucune des trois dimensions ne peut avaler les deux autres sans que cela ne dégénère. La démocratie contemporaine ne s'y est d'ailleurs pas trompée : il faut contrôler les pouvoirs, vérifier, examiner, et éliminer juridiquement ou politiquement ceux qui ont transgressé les règles. Ces trois pouvoirs recouvrent d'ailleurs les grandes fonctions de l'intellectualité, de l'action et de la décision légitime : le judiciaire renvoie à autrui, l'exécutif, au monde où il faut agir, et le législatif, à ce que chacun pense pour soi. L'équilibre des trois sphères,

---

1. Platon, *La République*, VIII, § 61, trad. fr. Éd. Chambry, Paris, Tel-Gallimard, 1992, p. 293.

si cher à Montesquieu, est en réalité d'inspiration platonicienne, mais le message dépasse bien évidemment ces auteurs.

Le problème de la démocratie contemporaine est que l'indépendance de ces trois pouvoirs est court-circuitée par les partis qui exercent leur influence à tous les niveaux. On objectera sans doute que les partis ont du pouvoir selon que les élections leur sont favorables ou pas. Mais élection ne veut pas dire que le choix des masses est judicieux, même si, à trop s'écarter de ces choix, on diminue la représentativité du pouvoir pour aller vers des régimes plus autoritaires, avec des « élites » qui ne représentent plus que leurs propres intérêts, et accessoirement ceux de leurs mandants.

On attend du vote qu'il change les choses, c'est-à-dire que joue à plein le contrôle des dirigeants, qu'ils puissent donc être sanctionnés pour leur incompétence. Mais les partis freinent celle-ci en court-circuitant les contrôles ; ils redoutent le critère de compétence, parce que les anciens se trouveraient mis en question. Ils préfèrent des successeurs plus médiocres qu'eux qui les fassent regretter au fil du temps. C'est s'acheter une Histoire à bas prix, et l'Europe actuelle connaît en cela une logique plus ou moins uniforme, avec des compétences d'autant plus rares qu'on les brise ou qu'on les écarte impitoyablement dès qu'elles se font jour. La mentalité petite-bourgeoise qui règne à l'heure actuelle est fondée sur le tour de rôle « démocratique », où l'on sécrète les « élites » et les représentants en décidant collectivement, c'est-à-dire en échangeant les faveurs et les postes. Du fait d'un tel système, les individualités qui tranchent, et partant qui déplaisent, ont peu de chance d'émerger. Cela n'empêche pas le petit-bourgeois de crier à la compétence, de s'en réclamer officiellement, puisque c'est son capital historique initial. L'instruction est ce qui lui permet de gravir les échelons, le savoir et la compétence, de les occuper. À côté de cela, il craint celle-ci et fait tout pour qu'elle ne puisse pas le menacer. D'où le décalage entre le discours et les faits, les fonctions et ceux qui les assument plus ou moins bien. Quant au contrôle démocratique, qui devrait sanctionner cette lente dégénérescence, vu qu'elle s'accompagne, du point de vue international, de récession et de déclin économique, il a peine à s'exercer puisque le système ne peut distiller que des personnalités de plus en plus interchangeables, sans grand relief. Entre l'individualisme et la collégialité prétendument démocratique, entre le souci officiellement proclamé de la compétence et la réalité, la démocratie contemporaine est plongée dans un confort aussi inégalitaire que difficile à maintenir.

La démocratie, dans ses fondements mêmes, doit admettre les différences, qu'elle supporte de moins en moins. Et par différence, on entend ici l'alternance comme la mobilité qui permettent à chacun de pouvoir monter dans la société, comme autant de façons de réaliser sa différence et de se faire représenter en conséquence.

N'hésitons pas à dire que le grand danger qui menace aujourd'hui l'esprit démocratique est l'envie, car l'envie est le ressentiment des moins bons – surtout quand ils sont investis de fonctions importantes (donc, qu'ils se prétendent justifiés à les occuper) – à l'égard de ceux qui les dépassent. Or, ne l'oublions pas, l'incompétence est la première forme de la corruption : elle crée des débiteurs.

LES FEUX DE L'ENVIE OU LES PRÉMICES DU TOTALITARISME

Il n'y a pas plus démocratique que l'envie. Elle peut aisément se parer des vertus de l'égalité. Si quelqu'un viole celle-ci, c'est forcément injuste. Ce qui fait que l'envieux a bonne conscience de l'être : il lui suffit de maquiller un tout petit peu ses vrais mobiles. L'autre lui prêtera d'autant plus une oreille favorable qu'il éprouve la même chose, et l'envieux n'aura même plus à cacher son ressentiment : il le rendra collégial.

On s'est beaucoup interrogé sur la spécificité du totalitarisme du XXᵉ siècle. Les horreurs d'Auschwitz et du Goulag ont industrialisé la mort et le sadisme. Si l'humanité n'a évidemment pas attendu notre siècle pour se livrer à des massacres, et même à des exterminations systématiques de peuples, il y a quelque chose que l'on sent bien comme étant unique, hélas, dans l'hitlérisme et même dans le stalinisme, qui les rend irréductibles à tout ce qui a précédé. Est-ce la haine ? L'idéologie ? La cruauté peut-être ? Je ne le crois même pas. Ce qui est sans précédent est qu'ils reposent l'un et l'autre sur une systématisation du ressentiment et de l'envie, justifiant le rejet de ce qui est supérieur à l'intérieur de leur propre société. Une même attitude se retrouvera plus tard chez les Khmers rouges. Un indice ? Le sort réservé à l'intelligence et à la culture. Être intellectuel sous un Hitler, un Pol Pot ou un Staline, c'était afficher une supériorité coupable et montrer qu'on était un social-traître ou un traître à son pays. Les nazis, par exemple, furent souvent des petits-bourgeois, frustrés par la défaite et la crise qui a suivi, aigris par ceux qui, comme certains Juifs, s'en tiraient mieux, grâce à la culture ou à des dons pour le commerce. Un idéal : se replier sur la nation, en faire une enclave protectrice, pour se retrouver à l'abri de toute mise en question pour être sans concurrence, à l'abri de l'Autre plus efficace ou plus dynamique, plus créateur et plus soucieux de progrès. Tuons Einstein et Freud, brûlons les livres de Kafka au nom d'une élection que l'Histoire reconnaîtra au peuple allemand et dont le peuple juif n'est finalement que le faux prophète.

La haine des élites se retrouve évidemment dans le stalinisme et ses épurations successives. Il s'agissait de permettre aux « fils du peuple » d'arriver, en passant sur les cadavres des anciennes élites, surtout quand elles étaient plus douées. Le retard de l'Union Soviétique est issu de tels choix, et le Goulag, de telles aberrations.

Avait-on vu, avant cela, une volonté aussi systématique et aussi impitoyable de détruire ceux qui font avancer la société ? La haine de la différence n'a pas nécessairement impliqué de tels génocides dans l'Histoire, et tout rejet de ce qui est différent n'a pas signifié forcément l'envie. Mais quand de telles haines se sont manifestées malgré tout, cela n'a pas donné lieu à un État fondé sur l'envie pour autant. Les croisades et leur cortège de massacres, les guerres de colonisation et leurs abominations, qui ont vu disparaître des peuples entiers, comme les Aztèques ou les Indiens d'Amérique, malgré l'indicible cruauté à laquelle cela a donné lieu, n'ont pas eu pour mobile l'envie à l'égard de groupes ressentis supérieurs, et catalogués, donc, comme à exterminer. Les Mayas, peut-être : une civilisation où les plus valeureux se font manger ne pouvait, à la longue, que disparaître.

L'envie est un mal qui ronge surtout le XXe siècle, parce qu'on a fait croire à chacun qu'il équivalait chacun, et partant, que toute différence rendait son bénéficiaire coupable, donc punissable. Quand cela va mal, les notables ont besoin de boucs émissaires à offrir en pâture aux gens qui se comparent et ressentent, non leur incapacité, mais la capacité des autres.

Et pourtant, nos intellectuels n'aiment pas parler de l'envie, même après la guerre, comme si chacun avait, quelque part, enfoui au plus profond de lui-même une certaine frustration de ne pas être ce qu'il proclame, encore que les autres lui reconnaîtront aisément ses « supériorités » en échange du même service. Qui n'a entendu, et parfois proféré, un « pourquoi pas moi ? » qui en dit long sur l'envie éprouvée pour l'autre auquel on s'égale a priori en lui contestant *sa* différence qui fait *la* différence ?

L'envie doit faire peur, parce qu'elle nous menace tous en démocratie, qu'elle en est le ver qui la ronge et qui peut tous nous détruire, comme elle l'a déjà fait par le passé. Il faut avoir le courage de l'analyser et de la regarder en face, non s'en accommoder au nom de nos propres insatisfactions. L'envie est comme l'antisémitisme, qui en est d'ailleurs une variante : banal, anodin, répandu, accepté avec indulgence ou qui est simplement réprouvé comme on reproche à quelqu'un des penchants comme le tabac ou l'alcool. Mais un jour, on se rend compte que le mal s'est institutionnalisé, qu'il devient un système de pensée avant de s'ériger en système d'État pour finir en système concentrationnaire. L'envie est cette gangrène et on peut en voir chaque jour de petites manifestations, aussi multiples qu'anodines. Et c'est bien là ce qui la rend si dangereuse.

Si la démocratie doit redouter l'envie et la combattre, c'est parce que la Différence n'est plus synonyme de Louis XIV ou de Mazarin, car nous *sommes* tous le pouvoir. Chacun vaut chacun, et chacun, tour à tour, sera roi ici ou là, fût-ce un quart d'heure comme l'a dit Andy Warhol. Mais si l'Autre est la différence alors qu'il ne vaut pas plus que moi, il sera néanmoins plus que moi. Seule sa compétence peut le justifier, mais si le critère est bafoué et socialement battu en brèche, il ne reste que l'égalité *pure* comme norme, et la différence devient forcément insupportable. Une démocratie sans élites fondées sur la compétence et l'excellence est condamnée d'avance.

Mais en quoi l'envie consiste-t-elle précisément ? Elle correspond au désir, impossible, d'être un autre, que l'on n'est pas. Et parce qu'on ne peut être autre, on lui en veut de ce qu'il est, façon de se reprocher de ne pas être tel ou tel, de n'avoir pas réussi ceci ou cela. L'envie se donne ainsi des excuses. Elle est insupportable parce qu'elle acte une certaine infériorité, qu'il faut contrer, compenser, annuler même en quelque façon. L'envie se refoule et se déplace en de nombreux alibis, dont l'égalitarisme, justifié lorsqu'il est fondé sur les droits de l'homme égaux pour tous, mais dangereux lorsqu'il fournit la légitimité à l'envie. Comment satisfaire ce sentiment d'envie, lorsque l'on ne peut évacuer l'infériorité, si ce n'est en supprimant celui qui la fait ressentir ? L'envie est donc toujours potentiellement assassine. Faute de pouvoir être l'autre, d'accéder à ce qu'il a ou à ce qu'il est, il faut le faire disparaître de quelque façon.

Moins une société démocratique s'appuie sur la compétence *effective*, dans ses choix et ses nominations, et plus il devient *légitime* de clamer « pourquoi pas moi ? », puisque chacun vaut tout le monde, et que la différence ne tient plus qu'à la richesse et aux connexions, partisanes, familiales, et/ou personnelles. C'est d'ailleurs ce qu'a bien compris Tocqueville quand il comparait les démocraties américaine et européenne. Leur différence réside dans la reconnaissance par tous, donc démocratique, du choix et de la récompense des meilleurs. Il est légitime de rechercher le succès, dans le respect des autres, garanti par le droit si nécessaire. À cet « *American dream* » s'opposerait la réalité européenne, faisant en sorte que la crise (en 1929, par exemple) engendre le fascisme en Europe, alors que l'Amérique, pourtant bien éprouvée elle aussi, n'a pas enfanté de monstres comme Hitler ou Staline et qu'elle est restée démocratique.

Mais revenons à la philosophie. L'envie brouille la différence du Soi et de l'Autre. Elle est la pire des passions démocratiques, parce qu'elle condamne la démocratie, où elle est contenue en germe. Aucune société ne peut pourtant progresser durablement si elle n'accorde, à côté des droits égaux pour chacun, une récompense, forcément inégale, des mérites. Toute la réflexion d'un Rawls ou d'un Nozick à l'heure actuelle est issue d'un tel constat et d'une telle exigence.

À cela, il est tentant d'opposer le règne du droit comme garantie suprême des valeurs démocratiques. En pratique, les droits se sont multipliés pour couvrir un nombre de plus en plus grand de domaines au point que le citoyen ne peut plus raisonnablement « connaître ses droits », ne fût-ce qu'en raison de la difficulté de vocabulaire et de la complexité technique des divers règlements. Le droit n'est omniprésent que lorsque la morale s'estompe. Le droit doit rendre la justice, quand chacun croit être dans le vrai.

LA MORALE ET LA POLITIQUE

On oppose autant la morale à la politique qu'on voit dans l'une le prolongement de l'autre. La morale se rapporte à l'identité individuelle, alors que la politique est le lieu où se négocient les différences. La morale se veut universelle, tandis que la politique est purement contingente. Peut-être même que la morale s'attache aux fins, et la politique, aux moyens. La morale relève de la sphère privée, la politique, du domaine public. Quant aux politiques, qu'attend-on d'eux, si ce n'est qu'ils nous épargnent d'avoir à faire de *la* politique?

Là où les choses se corsent, c'est quand on cherche à préciser ce que la politique, et avec elle, l'État, doit apporter aux citoyens. La protection et la sécurité, donc la justice, répondra-t-on. Mais aussi, la réalisation des intérêts de chacun, qu'il faut courber par ailleurs, si l'on veut éviter le donnant-donnant des compromissions qui nuisent à la collectivité. L'État doit permettre aux intérêts de s'exprimer et de s'affronter, mais il doit aussi résoudre, *se* résoudre et décider; promouvoir les faibles mais ne pas mettre d'entrave à la liberté. Tout cela semble bien contradictoire.

Quant aux fins elles-mêmes, qui va les définir? L'idéal de la croissance économique et de la monnaie européenne unique, est-ce vraiment un idéal existentiel pour une collectivité? Il faut être un eurocrate pour l'imaginer. Comment s'étonner, dès lors, qu'il y ait un tel retour à la sphère privée et aux vertus qui s'y jouent? Comte-Sponville, dans son *Petit Traité des grandes vertus*[1], montre bien que, de la politesse à l'amour, de la grande distance à la plus étroite proximité entre les hommes, il y a des individus avant tout, en dehors de toute morale politique destinée à garantir le lien social. Luc Ferry dans son essai sur *L'Homme-dieu*[2] souligne également avec une grande conviction à quel point la recherche du divin et de la transcendance s'incarne et se déplace dans les relations les plus concrètes et les plus personnelles, comme l'aide humanitaire, alors que jadis, cela eût relevé de la religion, comme les vertus sociales, de la politique (Platon).

Car la politique aujourd'hui déçoit. La démocratie est née de la volonté du citoyen de contrôler ceux qui le gouvernent, ne fût-ce que pour rendre toute tyrannie impossible. Malheureusement, elle n'empêche ni la médiocrité ni l'incompétence. Les blocages qui font de la classe politique sa propre fin, lui confiant, de surcroît, le soin d'assurer en son sein sa propre promotion, sont devenus trop lourds. Seule la mobilité sociale fondée sur la compétence empêche l'envie et permet d'épouser l'Histoire dans ses renouvellements. Sans elle, il est à craindre que la politique se révèle, au mieux, étrangère aux hommes, et au pire, un mal qu'ils subissent, un mal pesant qui les détourne de la chose publique.

Ne faut-il pas en revenir à une lecture de base de la morale et de la politique, qui puisse faire de celle-ci l'expression normale et collective des fins que les hommes recherchent?

---

1. A. Comte-Sponville, *Petit Traité des grandes vertus*, Paris, P.U.F., 1995.
2. L. Ferry, *L'Homme-dieu ou le Sens de la vie*, Paris, Grasset, 1996.

Rappelons-nous : Soi, le Monde et Autrui forment les points cardinaux et originels de notre réflexion. On connaît tous des morales du soi : on a cité les droits de l'homme, issus des conceptions romaines de la personne humaine ; à la base, le soi a émergé en propre dans les conceptions de type stoïcien, centrées sur le retrait du monde, afin de s'en épargner les désagréments, et de s'accommoder des tourments causés par la violence politique. C'est le défi posé par la vie contemplative comme source de bonheur, ou à tout le moins, comme absence de malheur.

On connaît également les morales qui ont leur ancrage en Autrui. On les appelle communément les morales du devoir. On y soumet son Soi à un impératif qui fait de l'Autre une fin, la fin absolue.

Enfin, il y a la morale du mérite, qui vise à évaluer ce qu'il faut à chacun, que ce soit en récompense ou en punition pour ses actes.

Toutes ces façons de voir sont aujourd'hui les nôtres. Qui contesterait que tous les hommes sont égaux en droit, qu'il faut les respecter comme des fins en soi, et que toute inégalité de traitement est injuste ? D'autre part, qui veut vivre seulement en « sujet de devoirs », en être universel, indifférencié ? Nous avons nos plaisirs et nos passions, et ce que nous recherchons n'a pas forcément vocation universelle.

La politique issue de ces trois morales n'est pas très enthousiasmante : le retrait contemplatif du Sage a ses mérites, mais aussi ses limites. Le contrat social où l'on n'est plus personne en particulier pour être un sujet « pur » ne *me* concerne guère, car *je* suis un individu différent de tous les autres et la loi des autres n'est pas forcément la meilleure ; quant à la politique liée au mérite, elle peut signifier parfois la loi du plus fort, qui elle non plus n'est guère acceptable.

D'où la nécessité de tenir compte des trois éléments à la fois. Respecter le Soi, Autrui et le mérite, c'est parfois contradictoire. D'où la politique et les politiques. Ils doivent répondre de leurs réponses aux citoyens. La responsabilité exclut la collégialité qui permet de rendre anonymes les décisions (« c'est pas moi, c'est l'autre, et réciproquement »). La responsabilité implique des responsables. La démocratie, quoi qu'on pense, n'est *pas* la collégialité dans le pouvoir, parce que la démocratie requiert le contrôle, donc postule qu'on *doive* rendre des comptes. Pas de hiérarchie sans ce contrôle des actes qu'elle pose. Les citoyens sont dépossédés de ce droit lorsque l'on ne sait plus qui prend les décisions.

Posséder, être reconnu politiquement et socialement, pouvoir réaliser ses désirs : autant de mobiles légitimes, disait déjà Aristote, mais encore faut-il que les droits de chacun comme ses mérites trouvent également la possibilité de s'exprimer. C'est au politique de faire la part des choses, et c'est au citoyen de vérifier que l'intérêt qu'il considère comme général n'a pas été trahi.

L'HOMME ET LA PHILOSOPHIE

La philosophie, on l'a vu tout au long des pages qui précèdent, est une recherche, une quête. Quel en sera le point d'appui ? Philosopher, c'est oser repenser les fondements. Il ne s'agit plus d'en revenir à l'Être ni au sujet, ni même à Dieu, qu'on laissera aux bons soins de la religion, donc à la sphère privée de chacun. S'interroger sur les fondements, pour prendre un nouveau point de départ, une nouvelle base, c'est poser la question de ce qui est premier, et quelle réponse plus première que celle qui affirme que c'est le questionnement ? Toute autre réponse, en tant que *réponse* précisément, renverrait à nouveau au questionnement. Mais questionner, c'est aussi répondre à une exigence, issue de l'Histoire, c'est donc s'inscrire en elle. Répondre au réel en l'interrogeant consacre l'émergence de la réalité à l'intérieur du questionnement comme ce qui ne pose plus question. La réalité est faite de solutions sans problèmes, elle s'autonomise et les transcende les unes comme les autres. La philosophie du questionnement permet ainsi d'échapper à l'idéalisme, qui voit le sujet fonder l'objet, et au réalisme qui place dans ce qui transcende le sujet la raison de son déploiement.

D'ailleurs, toute la science contemporaine, de l'histoire à la mécanique quantique, de la relativité à la psychanalyse, est là pour montrer que le fossé entre sciences humaines et sciences de la nature – entre liberté et nature pour parler comme Kant – n'a plus guère de sens.

L'âge classique avait postulé une extériorité du sujet par rapport à ce qu'il contemple, un réel sur lequel cette vision n'agit pas mais qu'elle reflète. Le sujet en était le spectateur immobile et fondateur. Aujourd'hui pas davantage, on ne peut ignorer les contributions de la science contemporaine. Le sujet se voit réabsorbé dans une réalité qui l'enserre, et sa propre science est elle-même un fait de cette réalité, au point, comme en mécanique quantique, qu'elle la modifie ce faisant. Les distances varient de l'infiniment grand à l'infiniment petit, mais le sujet n'en est plus la mesure. Les problèmes sont désormais à prendre à partir d'eux-mêmes, et ils doivent être reliés en tant que tels. C'est à ce prix que la philosophie retrouvera sa pertinence créatrice. Ce qu'a apporté la relativité est une équivalence au sein du pluralisme intersubjectif, caractérisé par des histoires différentes que l'on ne perçoit pas toujours quand on est à l'intérieur du système. La psychanalyse a d'ailleurs joué un rôle semblable, en soulignant, par le concept de refoulement, l'ignorance qu'a le sujet de ce qui peut le surdéterminer quand il se détermine. Quant à la mécanique quantique, elle a fait de la mesure dans un système une histoire de ce système. Par là, il s'avère que l'homme est à nouveau pensable au sein de la réalité, même s'il refoule cette insertion faite d'Histoire quand il se constitue un monde, des choses, des relations. Ce refoulement fait partie intégrante de cette réalité et en rend possible la constitution. Il est la marque de notre liberté et de notre humanité.

Penser l'Histoire fait partie de l'Histoire, et la prolonge du même coup. La philosophie ne peut échapper, dans sa possibilité comme dans sa réalité, à l'Histoire, et en la réfléchissant à l'intérieur d'elle-même, l'historicité devient ce possible de tout devenir, le concept de sa propre évolution. Et penser cela relève encore (ou déjà) de cette historicité.

À quoi sert la philosophie aujourd'hui ? À comprendre l'univers ? À donner un sens à sa vie ? À nourrir sa raison ? À se lamenter sur son déclin et ses impossibilités naturelles peut-être ? Ce sont là des questions éternelles, mais ce ne sont pas elles qui répondent à la question de la philosophie. La philosophie est une question en soi, pour elle-même, parce qu'elle est l'interrogativité même qui s'interroge, qui est en question. De ce fait même, on la voit à l'œuvre dans la science comme dans la vie, qui l'une et l'autre interpellent et problématisent. La philosophie nous ramène au principe, au sens, c'est-à-dire à ce dont il est question, mais elle nous oblige aussi à penser systématiquement les différentes problématiques, telles qu'on les voit en science ou en art par exemple, donc à les articuler et à les différencier également.

Mais la philosophie, à l'heure actuelle, exprime et renvoie à une autre nécessité, qui n'est ni de l'ordre du divin, ni de l'ordre de l'épistémologique. Le sens est dans un rapport à une Histoire que l'on découvre elle-même dépourvue de sens, semble-t-il, une Histoire faite de chaos et de luttes, de massacres et de défaites, mais à laquelle on n'échappe pas en raison du destin mondial et planétaire de l'homme. La véritable question est alors celle de l'Histoire en chacun des hommes. Comment rendre compte d'une transcendance qui vit en nous et nous contraint parfois sans même que nous nous en rendions compte ?

Freud a montré qu'il y avait des surdéterminations dans notre vie individuelle, qui constituaient ce que l'on appelle notre histoire. Mais il y a également de telles surdéterminations qui proviennent du monde objectif extérieur, de la réalité contemporaine, et qui sont elles aussi de nature historique.

La grande question aujourd'hui est donc celle de l'historicité comme lieu même de cette interrogativité qui affecte l'homme et lui confère un destin, funeste ou non, mais peu importe. L'existence, comme l'univers, ont une Histoire, et elle nous surdétermine. L'homme est bien plus « dans » l'Histoire que dans un quelconque monde, particulier ou universel ; ici encore peu importe. Au temps de Kant, on opposait la liberté à la nature, étant entendu, entre autres avec Hegel, que l'Histoire était le lieu de la liberté, sa rationalité collective. Aujourd'hui, il faut démarquer la liberté de l'Histoire, laquelle avait un sens et une finalité apparente qu'elle a perdus, ce qui oblige à repenser celle-ci autant que celle-là. Quel est le rapport de l'homme à l'Histoire ? Quel est même le rapport de cette question – elle-même historique – à l'Histoire et comment fait-elle voir ce qui la rend possible ? Tel est l'objet de la quête philosophique, car toute question s'enracine dans de l'historique auquel elle répond d'une certaine manière. La vie, l'existence, l'objectivité même prennent leur sens de cette méditation sur l'historicité en tant que celle-ci engendre en son sein le refoulement constitutif de l'historique, donnant lieu à un réel commun et anhistorique. Ainsi les questions s'y nouent pour elles-mêmes, comme si rien de ce qui précédait, et *nous* précédait en général, ne comptait plus, nous plongeant du même coup dans la réalité comme présent et comme présence.

TABLEAU SYNTHÉTIQUE DES RENVOIS CONCEPTUELS

Soi	Autrui	Les Choses (le monde, l'univers, le réel)
le Savoir	le Pouvoir	l'Avoir
le moral (sphère privée)	le politique (sphère publique)	l'économique (public et privé)
le désir (la vanité)	la demande (la domination)	le besoin (la cupidité, la jouissance)
la contemplation	la justice	l'affairement
l'œuvre	l'action	le travail
l'intellectuel (le prêtre, l'ingénieur…)	le prince (le guerrier, le roi, le noble…)	le travailleur (le bourgeois, l'entrepreneur…)
l'*ethos*	le *pathos*	le *logos*

INDEX DES NOMS

TABLE DES MATIÈRES

Dépôt légal : janvier 2018 - IMPRIMÉ EN FRANCE
Imprimé en janvier 2018 sur les presses de l'imprimerie « La Source d'Or »
63039 Clermont-Ferrand - Imprimeur n° 19978K